AFTER EIGHTY

KAJSA TELANDER

After eighty

– på gott och ont –

Instant Book

Andra upplagan

Instant Book, Stockholm 2010
Omslagsteckning: Yngve Gunnarsson
Grafisk form: Markus Nikula, Instant Book

Instant Book, Box 49109, 100 28 Stockholm
Tel 08-651 39 70, info@instantbook.se, www.instantbook.se

ISBN 978-91-85671-82-3

Inom oss mumlar en röst mot all rimlighet att detta kommer inte att hända oss, när det händer är det inte längre vi. Innan ålderdomen drabbar oss är det något som angår bara andra.

Simone de Beauvoir

I själva verket är våra bilder av det som med dagens förfärliga terminologi kallas yngre äldre – alltså människor mellan 65 och 70 eller 80 – och äldre äldre (människor över 80) så olika att de knappt förefaller ha något inbördes sammanhang alls. Det är de yngre äldre som reser, sportar, tar för sig. De äldre äldre förekommer knappast alls i offentligheten, annat än som ett problem: då handlar det om vanvård på vårdhem, eller om att över huvud taget inte kunna få plats på vårdhem. De äldre äldre är bokstavligen ansiktslösa i offentligheten: om man alls får se dem är de i allmänhet fotograferade bakifrån, krokryggigt böjda över en rollator. Eller så ser man dem bräckliga som fågelungar i en sjukhussäng.

Merete Mazzarella

INNEHÅLL

KROPPEN OCH JAG

Måste gå ut med kroppen.
Det skymmer tidigt ännu så här på senvintern.
Bäst se till att komma ut så den får lite sol på sig.
Det är nyttigt. Fast hur mycket D-vitamin tar man emot
med bara en liten bit ansikte blottat?

Det kan bli trögt. Ena foten framför den andra.
Ibland räknar jag steg, upp till hundra, och till hundra igen.
Ibland räknar jag till fyra och till tre och till två och sen ett.
Det blir ett piggare tempo. Man kan räkna baklänges också,
ansträngande så att säga både nere och uppi.

Så lurar jag i alla fall kroppen ända fram till närbutiken.
Där brukar den kvickna till. Den ställer sig gärna tiggande
framför sånt som semlor och mazariner men fnyser
åt broccoli och fänkål och annat med den rätta grönheten.
Ofta går jag hem med några kvisttomater och ett wienerbröd.

Längesen kroppen var ett lydigt redskap. Den tycks inte ha något
emot att förfalla. Det är som med hundar, den måste hållas kort.
Ger man efter blir den gnällig och fordrande.
Jag vill ju bara att den ska ställa upp när det behövs.

Vår sämsta tid är natten. Svårt att sova, svårt att samsas.
– Stilla dig kropp, sluta ömka dina krämpor, låt mig sova!
– Om du bara stänger av din tankesnurra så finns det inga hinder!
Ibland köper jag oss båda ro med en liten vit tablett.
– Så! Då kan du väl bära mig ett litet stycke till.

Kroppen och jag har nu traskat en bra bit tillsammans, ”vi går mot de nitti” som min mor skulle ha uttryckt det.

Det höll på så länge, det där med att ”hålla på att bli gammal”, men nu är vi framme, någonstans i yttre ålderdomen där morgondagen är oviss. Definitivt mer oviss än någonsin förr.

Gammal är inget populärt begrepp. De flesta av oss vill gärna bli äldre och äldre och ännu äldre, men gamla vill de absolut inte bli. Själva ordet är besmittat från den tid då man var gammal och ful och värkbruten och nedvärderad vid femtio. Numera kan vi hålla oss friska och alerta upp i åttioåren.

80-plussarna är också en starkt växande grupp som i slutet av 2009 uppgick till 494 385 personer, snudd på en halv miljon. Dryga fem procent av hela landets befolkning! Var stolta och glada, alla ni som kämpat er fram så långt i livet!

Politiskt och medialt sysslas det med gamlas boende och vård. Mycket litet hörs om deras livsinnehåll. De är ute ur leken, de kan ha det fysiskt besvärligt på olika vis och en del kan få det lite trassligt med minnet och begreppen ibland. Dock lär endast fem procent lida av svåra mentala begränsningar. De flesta intresserar sig för sin situation och för världens gång.

Vi åldras på alla tänkbara sätt. Men ett har vi gemensamt: själva livsfasen, en belägenhet som inte ger mycket svängrum eller framtid. Vi hör till livets avgångsklass. Kraven är höga i den klassen, det är inte alltid så lätt att hanka med. Man har så mycket som tynger, så mycket som distraherar. Ändå tror jag att avgångsklassen kan uppvisa fler hjältar och hjältinnor än någon annan klass i livets skola.

Om man fortfarande lär sig något? O ja, hela tiden, säger de som numera ser och upplever med nya känsliga sinnen. Måste man också prestera något? Absolut, eftersom det gäller att klara sig genom dagar och nätter och att hitta på sätt att orka och att förhålla sig, och att därvid helst också finna mening och en smula bärande livsglädje. Jag tror det handlar om det.

Vi gamlingar är fullkomligt packade med levt liv. Vår erfarenhet är som en inre trädgård med ett virrvarr av stigar, moras och vackra vyer. Och det märkliga är att något parti av den där för länge sedan förvissnade odlingen kan komma till liv. På ett ibland besvärande, ibland helt underbart sätt dyker det upp i medvetandet och låter sig upplevas pånytt. Professorn i socialgerontologi Lars Tornstam har framhållit just denna förmåga hos åldringar och betonat det faktum att många nästan kan välja vilken del av livet de för stunden vill befinna sig i. Han har också konstaterat att man vid livets slut kan tycka att man står högt uppe på ett berg, dit man har tagit sig under livsens gång, och när man står däruppe och ser tillbaka ut över nejden, så tycker man att hela den mödosamma och knaggliga stigningen är så vacker, synen fyller en med tillfredsställelse. En vacker solnedgång.

Är det verkligen så? Är det ett mänskligt behov att känna sig nöjd med vad man gjort? Kanske. Ingen vill förstås underkänna sig helt eller erkänna att livet har varit idel problem eller saknat all mening. Men ändå. När man ser tillbaka. Visst kan man urskilja stycken av livet som inte varit bra. När man varit inne på fel väg. När man handlat illa mot någon och levt i konsekvenserna av detta handlande. Det kan vara plågsamt att få upp dessa bitar av liv på sin inre skärm, men först då, först när man erkänner det mörka lika väl som det ljusa, så tycker jag att man bottnar i sitt liv. Kanske ens synsätt i detta som i så mycket annat är en fråga om läggning. Eller också är behovet av försoning och förlikning faktiskt så stort att det positiva tvingas upp på ytan medan det negativa sjunker undan.

Hur det än har varit så är vi nu i en begränsningarnas fålla. Det är så mycket vi inte kan eller orkar. De långa promenaderna har blivit allt kortare, tillslut kanske bara en vända ut på balkongen, om ens det. Min man kunde klä sig för en cykeltur – ”det är en sån underbar dag” – och en stund senare hade han ändrat sig och låg på sängen och läste. Min mamma brukade säga om sådant som hon måste välja bort att ”det är inte nödvändigt”. När jag inte orkar gå ut och handla kan jag kasta en blick i kylskåpet och på mycket svaga grunder komma fram till att ”det är inte nödvändigt att gå ut och handla”.

I stort sett är det mycket i omvärlden som har blivit otillgängligt, man må beklaga aldrig så. För många av oss är det för jobbigt att boka och hämta biljetter, ta sig till teater eller bio eller träffa vänner. Och det är mycket i ens närmaste omgivning som inte verkar behövas längre. Jag tänker på alla möjliga prylar, sportgrejor förstås, symaskinen, ”gåbortskläder”, kokböckerna och alla köksredskap för matlagning i lite större skala än den ensammas. Jag tycks ha slutat att använda min kamera, av den gamla enkla sorten, kanske i en känsla av ovisshet: när ska jag kunna sitta och titta på de bilderna? Jag som haft en sådan glädje av hela livets bildskörd, denna ständiga återseendets lycka och hjälp att placera händelserna i livet i den rätta epoken.

När jag är riktigt trött kan jag tycka att jag mitt i mitt livs rekvisita erfar en sorts passivitet. Grejerna samspelar inte med mig längre, de talar inte till mig, får inte igång mig. Som om mitt hem överger mig innan jag överger det. Minns en gång när jag besökte konstnärsparet Anchers hem på Skagen. Man gick ur rum i rum och stirrade på möblerna och allt som fanns där – hela tiden i känslan av att det viktigaste inte fanns där. Livet var borta. Om ändå Anna Ancher just kommit in genom dörren bärande på ett fång blommor! Men allt var stumt. Dött.

Bilden av "den gamla" har hos mig varit bilden av barnens farmor, vår käraste vän under många år. På 60-talet – när hon var i min ålder – ser jag henne komma gående ute på vägen i sakta lunk och stödjande sig på sin käpp, spejande omkring sig med "dåliga" ögon, hörseln helt borta och balansen skral. När hon steg in genom vår ytterdörr hade hon bråttom att haka fast sig vid närmaste väggfasta föremål för att stå pall för barnens välkomstkramar och hundens veritabla påhopp. Ruffi visste att i hennes rymliga väska fanns en påse med kaksmulor eller annat läckert. Farmor öppnade väskan, ställde ifrån sig käppen, fick fram påsen, tog av sig hatten, allt i samma sekvens, och alltid gick handske, käpp eller hatt i golvet och hon böjde sig för att ta upp. Ett konststycke: Hennes stela ben stretade isär som getben, hon försökte knäa med hand på höft och hand på knä, och just som högerhanden nådde ner vacklade hela lilla tunna människan iväg åt fel håll och föll, och våra armar var där och tog emot och rätade upp och stödde och hon sa:" Jag har väl aldrig... " eller "Så jag gör då".

Är vi där, kompisarna och jag? Nåja, en del, och andra kanske mycket mer beklagliga, men många vet jag som länge har varit aktiva i sin egen förebyggande friskvård och rör sig mer obehindrat, eller låt oss säga till synes obehindrat. Ett par har skaffat sig motionscykel.

Och det lustiga är att i denna krympande värld tränger tankar på om allt som man fortfarande skulle vilja göra. Nog skulle jag bra gärna vilja resa till Egypten! Och någon vecka i Paris till våren? Fast jag har ju inte ens sett så mycket av Sverige som jag skulle vilja. Och inte heller har jag läst en bråkdel av det jag skulle ha velat läsa. Min vän skutskepparen, Carl Wistedt, som dog mer än hundraårig, skrev så här i sina självbiografiska anteckningar *Jag minns min blåa fjärd*: ”Vår värld är så komplicerad, man måste veta så mycket, kunna så mycket, vara oerhört lyhörd. Och man har inte ens fått skumma, inte doppa ett finger i det fat som innehåller kunskap.”

Igår kväll livnärde sig min hjärna på en medelstor strömming, hälften av en liten potatis och några tuggor knäckebröd med ost. Jag vet det. Det var en fjärdedel av min middag.

En fjärdedel av hela kroppens ämnesomsättning går åt till att föda hjärnan. Det läste vi redan i David Ingvars bok om åldrandet, och det gäller också oss gamlingar som sedan vår ungdoms höjdpunkt förlorat cirka 50 000 nervceller per dygn. Man måste inse att vi "i dagsläget" och i likhet med en viss björn har ganska lite hjärna kvar. I funktion så att säga.

Tankar trängs och vägrar att samordna sig, liksom skrivna ord kan bilda de besynnerligaste meningar. Eller man får en riktigt bra idé (möjligen bara en vanlig tanke, men sååå viktig) som glimmar till och sen bara försvinner spårlöst. Det är något spretigt och slängigt i det mentala maskineriet, på samma sätt som i ens rörelsemönster när man någon gång försöker spänsta upp sig, inga mjuka resårer i lederna, inga smidiga övergångar. Och precis som mina ögon ger luddiga konturer åt omvärlden så tycker jag att det som sker därute ter sig alltmer kaotiskt och blurrigt.

Ändå tycker jag att jag ser vissa saker med en ny tydlighet. Det liknar det som hände mig hos ögonläkaren. Jag satt och stirrade på den där tavlan med bokstäver i olika storlekar och såg mest skymning. Men så satte syster i ett ögonglas med ett litet hål i, och genom hålet såg jag plötsligt bokstäver träda fram klart och tydligt (nåja, relativt). Det känns som om jag fått lite av ett sådant hålkikande när det gäller tillvaron. Ett och annat framträder med en alldeles ny skärpa. Mycket av det är sådant som väcker ilska, sorg och protest. De vanmäktigas och orkeslösas frustration.

Det är en annan värld, säger åttioplussarna till varandra. Och det skulle förstås kunna godtas som något naturligt och kanske bra att världen har förändrats sedan vi var unga och aktiva. Vi måste ju erkänna förbättringen på många områden och att det är väldigt mycket vi har att vara tacksamma för. Vårt långa liv inte minst.

Men världen är inte bara förändrad, den är i mångt och mycket förbytt. Den är i vissa stycken krängd ut och in. Det som förr styrde oss inifrån – den inre rösten, insikter, övertygelser – har ersatts med påbud, krav och bestraffning utifrån. Mycket av det som var giltigt förr är helt utraderat. Det som var dåligt förr verkar ibland rekommendabelt. Och där står vi med våra levda liv, våra med möda samlade erfarenheter, våra normer och tillkämpade mål i tillvaron. Som ogiltigförklarade. Marginaliserade. Akterseglade. Gamla utgör en subkultur, skrev några unga journalister i en artikel om s.k. äldre.

Subkultur! Jag blir upprörd. Jag *är* ju. Jag ska väl få höra till. Jag vill inte stå här ensam och vilsen och inte förstå. Jag blir sur på alla som klappar mig på huvudet och pratar in i ansiktet på mig som om jag hade svårt att fatta, på alla dessa förbaskat unga och aktiva som ger sig på att försöka definiera livet för mig, hur allting är och ska vara. Vad vet de om hur det är i 80-plussarnas värld? Jag blir ibland också så arg på den ohejdbara utvecklingen i dess olika förgreningar, tekniken, kommersialismen, globaliseringen, sexifieringen, infantiliseringen. Och våldet, det brutala våldet som bara griper omkring sig.

Man får väl vara arg. Man får väl låta det pysa ut.

Genom kikhålen ses lyckligtvis också tillvarons pärlor. Med samma tydlighet. Där lyser skönheten, godheten och vanlig varm vänlighet, medmänniskors mod och goda humör. Blänk i en grå vardag, bot för slokande livskänsla. Det finns alltid omkring oss, och mycket finns i våra inre världar, minnena.

Minnena lever, säger man. De lever sitt brokiga liv så länge vi finns och härbärgerar dem. Det som var vår verklighet, det som är vår "berättelse" som man säger numera, det vill vi gärna förmedla. Det handlar kanske om en vilja att ens levda liv ska finnas kvar hos de efterkommande, samtidigt som dessa ges lite fäste för sitt rotsökande och en möjlighet att finna sammanhang och kontinuitet. Låter stort men kan ha sin betydelse där det utspelar sig på vår ynka individnivå. Berättelsen länkas vidare.

FARTRÄDD

Ibland blir jag farträdd. Minns hur det var i skidbackarna när det började gå för fort, det ven om öronen, benen sviktade och likaså modet. Bäst att bromsa och stanna upp ett slag. Man satte i stavarna så snön sprutade. Bakåt eller vid sidan skulle det vara, inte framåt, för då kunde de köra in i magen. Det brukade sluta med att man gick omkull och bromsade med baken.

I bilkörning har man väl någon gång fått lätt fartsvindel – en absolut varningssignal, eftersom man ju aldrig får tappa känslan av att behärska framfarten, och det är ingenting som hindrar att man minskar farten till vad den borde vara i förhållande till vägen och väglaget och körskickligheten. Har man ju lärt sig.

Men i livet. Nyss var jag 80, redan det överraskande nog, nu är jag redan 88. Hjälp, det går för fort! Trots att vissa dagar kan vara långa och sega. Men bromsa upp, det låter sig inte göra.

Vad gör man med tiden, den alltför snabba och ibland så långdragna? Hittills har jag tyckt att den bästa policyn är att fylla tillvaron med intressanta och "närande" saker, sådant som ger livslust och stimulans. Men när orken sviker och ovilligheten sprider sig i systemet? Jaha du Bodil Jönsson, hur gör jag då med tiden?

Låta den gå är ju ett sätt, slösa med den, slöa i den. Att ha gott om tid är också en lyx. Men klen tröst.

Sanera var det någon som sa. Sanera onödig aktivitet, koncentrera dig på sådant som hjälper dig att vidmakthålla orken. (Vidmakthålla – vilket bra ord, tycker du inte det, Fredrik Lindström?) Stavgång är tidernas uppfinning; med pinnarna kan man gå längre än man trodde. Kan man överhuvudtaget gå så ska man promenera någon liten snutt varje dag. Och helst också orka med något närande intag av kultur. Det kan vara svårt att hitta rätta balansen mellan sorterna. Man tvingas lägga stor vikt vid det nyttiga och livsuppehållande, men många mår bäst av att bara göra sånt som är roligt.

Sanera ska man också sin läsning om man hör till dem som är rädda om en bräcklig nattsömn. Inga våldsskildringar, inga skriande orättvisor. Om det så är nobelpristagares namn på bokryggen. Förstås heller inga alltför engagerande eller upprörande program på tv i sena kvällen.

Jag undrar om min farmor någonsin var farträdd. Hon blev 88 och skildes hädan år 1937. Hennes liv i den lilla skånegården hade varit slitsamt och knapert. Tio barn hade hon fött och fostrat. ”Vi behövde aldrig svälta”, sa min pappa, ”och mor stoppade om oss varenda kväll.”

Farmor behövde aldrig söka motion för att upprätthålla orken. Böja sig fick hon göra i potatislandet och sträcka sig gjorde hon när hon hängde tvätt mellan äppelträden. Plus tusentals andra rörelser och handgrepp som krävdes för att sköta ungarna och hönsen och grisen och det hela. Arbeta gjorde man tills orken tog slut, det var inte mer med det. Man utgick från att den skulle vara förnyad när man reste sig ur bädden och gick till en ny dag.

Farmor blev sittande de sista åren, molande av reumatism. Hon satt vid fönstret så att hon kunde bevaka landsvägen. Om något hände så var det väl där. Kanske prästen kom, eller att någon bil passerade. Vem kunde det vara? Själv hade hon nog aldrig stigit upp i en bil. Troligen hade hon heller aldrig sett någon doktor. Två hemmadöttrar, en för inomhussysslor, en för utomhus-, tog hand om henne och det hela.

Rödhåriga Sigrid var den som lånade häst och plöjde potatislandet. Hon klev ur leriga ”träbottnar” ute på bron och klev in i gråa strumplästen. Om hon där tog till orda och började ondgöra sig om dyrpriser på torget, den bruna hönan som slutat värpa eller grannens ko som trampat ner stängslet, krackelerade husfriden och jag kan se för mig hur den blida Ester saktmodigt lade ut moteld. Hon tog ner kanonkulan från hyllan och la den i bunken med lite senapsfrön, satte det hela på knäet och började mala. Hon vaggade rytmiskt sin kropp och kulan kullrade knastrande runt runt i bunken, överröstande och rofyllt.

Ja, livet var stilla. Det var vad det kunde vara. Nej, jag har svårt att tro att farmor kände av någon farträdsla.

BÄST FÖRE

Jag är inte längre giltig.
Bäst före gick ut minns inte när.
Ingen räknar mer med mig.
Varför är jag här – egentligen?

Utan Du finns inget jag.
Udda gamling speglar nunan,
umgås inombords ändå med
ett och annat Du ur tiden.

Pappa, mamma, alla syskon
överlevde jag med råge.
Länge var dom borta onåbara,
nära hjärtat nu med värk och vemod.
Kan ej läsa bra i böcker,
går så långsamt med förstoringsglas.
Fejset börjar bli antikt och
folk tar på beskyddarminen.

Ungdomshorder, oberäkneliga,
går jag genom som ett vinddrag,
osedd helst, att skrål och styrka
ej i blindo fokuserar mig.

Ingen river mina väggar dock, nej
trygg jag är i mina höljen, ryser
bara skönt då foten når ett hörn av
bäddens svala lakan av satäng.

GILLA LÄGET

Jag gillar det uttrycket. Det är så komprimerat och direkt. Budskapet: Det är som det är och jag får vara nöjd.

En god vän berättade för mig att uttrycket ”gilla läget” kommer ifrån det militära. Det var vad som gällde för dem som låg i lumpen fast de så mycket hellre skulle ha gjort något annat. Eftersom de inte kunde komma ifrån denna militärtjänst när de väl ryckt in, så var det lika bra att göra det bästa av situationen: gilla läget. Skräna och gorma och protestera och krångla skulle ju inte hjälpa. Ta vara på de positiva inslagen i stället, kamratskap, väl utförda fysiska övningar, fin telefonkontakt med någon kär person, närhet till samhälle som har trevligheter att erbjuda eller vad det kunde vara.

Men nu tänker jag på en helt annan kategori, en ganska stor och ständigt växande grupp samhällsmedlemmar som har all anledning att gilla läget, nämligen gamlingarna. Eller ”vi äldre” som många hellre säger. Naturligtvis skulle vi gamla (som jag säger) ha föredragit att svälja något ungdomspiller och kunna förbli aktiva och glada i livets mittfåra i stället för att hanka oss fram på sluttampen. Men nu är det där vi är, och det är inte mycket vi kan göra åt det. Det är bara att försöka gilla läget. Här tänker jag förstås inte på dem som övermannats av sjukdom eller annan svaghet och sannerligen inte kan tänkas gilla sin situation, men vi andra som ännu så länge är tämligen rörliga och tämligen friska, vi kan ju börja med att vara tacksamma för det. Det var länge sen vi fick lära oss att positivt tänkande och goda skratt har en hälsosam inverkan på oss, förutom att det gör oss mer uthärdliga för våra närmaste. Ville vi inte förresten få ett långt liv? Nu har vi fått det: gilla läget!

En gång för mer än tio år sedan då jag var ute och pratade om min bok *Våga vara gammal* kom en yngre man fram till mig efter pratet och ville veta om jag verkligen tyckte att vi borde resignera inför ålderdomen. Jag hade använt ordet resignera. Det var vad jag tyckte vi hade att göra inför åldrandet. Mannen var indier och såg på mig med stora sammetsögon. Det förvånade mig att han verkade genuint engagerad i åldrandet. Eller var hans ämne allmän livsinställning? Resignera, sa han, är ju att ge efter för ett tvång, att ge upp, att sträcka vapen. Det är fel attityd tyckte han. Vi lyder under livets lagar om födelse, blomstring och vissnande. Det är det naturliga förloppet, ingenting att kämpa emot. Det skulle vara så mycket mer fruktbart för oss alla om vi kunde ta emot åldrandet med öppna händer, acceptera hela åldrandets process vad den än skulle medföra av prövningar. Växla över från resignera till acceptera. Jag lovade att tänka på saken.

Och det har jag måhända gjort. Eller om en viss förändring, sakta som när gräset växer, håller på att ske inom mig. Förhoppningsvis. Fast ännu har jag förskonats från de värsta prövningarna. Ska jag kunna acceptera dem?

Åldrandet är ju ingen jämn process, det kommer ryckvis och stegvis. Någon gång får man uppleva att detta fortskridande glädjande nog tar ett steg tillbaka, vilket betyder att något besvär lindras, eller något i systemet förstärks eller man tycker bara att livet har skruvats upp en grad i vitalitet. Men hela tiden är riktningen förstås utför. Ett stort steg kan vara till exempel en stroke eller att man fallit från trappstegen (man får inte kliva upp på stegar och stolar!) och slagit sig eller att något påkallar operation. Mindre steg kan kännas av som en sorts gråhet, ofta i samband med någon motgång, någon krämpas uppdykande eller bara en rejäl förkylning. Vissa nya fenomen smyger sig på och oroar, som när domningen i ena fotens tår plötsligt finns i båda fötterna. Eller när suset i huvudet hörs som syrsors filande. Då kan man tänka att jaha, nu är jag alldeles tydligt svag och mottaglig, nu orkar jag inte göra rörelserna som sjukgymnasten föreskrivit, nu orkar jag inte gå ut, nu känns det som om vad som helst kan hända. Det beror väl på vad slags läggning man har om man då hetsar upp sig, om man bereder sig på att kasta in handduken eller om man tar det lugnt. Rent av accepterar.

På senare tid när ”något” hänt har jag börjat tänka att ”det ska vara så här”. Nu är det som det är, det är inget konstigt med det. Och jag tycker att det blir lugnt. Vad väntar jag mig förresten som har fått vara med så här länge. Hundra vill jag ju verkligen inte bli.

Det är inget stormande accepterande av åldrandet, bara ett saktmodigt gillande av läget. Kanske något kan åtgärdas så att läget förbättras, då får vi försöka det. Kanske inget finns att göra. Då blir det som det blir. Det är livets gång. Det måste jag ju acceptera.

En som kunde ta emot stora grava symtom på åldrande var min vän Paul. Han hade vid 85 års ålder och i ett framskridet stadium av benskörhet blivit stillasittande och mest liggande. Nätterna blev långa och besvärliga. Tills en natt han fick uppleva följande: På väggen som han kunde se framför sig över fotändan av sängen, och som i vanliga fall bara uppvisade en ljus tapet, uppstod plötsligt en blommande äng. ”Jag har aldrig sett något så vackert”, sa han, ”och det var inga vanliga blyga ängsblommor utan ett fullkomligt fyrverkeri av starka färger. Kan jag ha förflyttats till Indien? Eller vad var det som hände?”

Paul upplevde inte den ovanliga synen som skrämmande, utan tvärtom som en gåva, ett glädjande uppehåll i plågorna. Han fick uppleva det flera nätter i följd.

Paul tog emot som ett barn. Är det inte det vi har hört att man ska?

Att muskler är en färskvara är ett litet slagord i tiden, eller kanske snarare inom friskvården.

Det ska tolkas så som att armar och ben – för egen del tänker jag mest på lårmusklerna – inte ska gå och inbilla sig att det är vila som gäller, även om det är vad de trängtar till. Nej, störas ska de titt som tätt med små träningspass för att de ska kunna fortsätta att prestera.

Prestera vad då? Ork förstås.

Det var faktiskt lårmusklerna som kom med det första varslet om att gåendet, förmågan att gå, inte är någon självklarhet, numera, i de höga åren. Det som jag upplevde måste vara en allmänmänsklig erfarenhet bland åldringar. Under någorlunda normalt promenerande och bara halvvägs framme vid adressen fylldes benen en dag – och sedan allt oftare – med bly och blev för varje steg allt tyngre att förflytta. Lårmusklerna verkade helt ovilliga att göra tjänst. Att ta mig fram blev en möda, och det skrämde mig. Vad var nu detta? Vad höll på att hända?

Det var i den vevan jag insåg allvaret med musklernas färskhet. Mitt hjälpsökande började. Första typen av träning blev ett enkelt knep: att sitta på en köksbänk och ha en plastpåse med en 2-kilospåse socker i dinglande från ena vristen. Lyft benet med sträckt knä så att det ligger horisontellt ut i luften, håll några sekunder, sänk. Häkta om plastpåsen till den andra foten och gör om. Upprepa höger och vänster ett antal gånger.

Sen dess har jag ävenledes stått bakom många stolar stödjande mig med några fingrar mot ryggstödet och utfört knäböjningar, inga fullgångna sådana utan mera halva. Numera har jag också ett pålitligt program med rörelser i sängen, sedan jag först gått upp och rört mig lite för att förvissa mig om att musklerna överhuvudtaget är vakna, och sedan jag fläkt undan täcket och öppnat fönstret. Det låter riktigt hurtigt. Det är det. Och det fungerar. Mina lårmuskler är inte som nya, men de är om och om igen uppfärskade. Jag kan fortfarande gå. Även om det går långsamt och jag då och då vajar eller kommer ur kurs. Och blir så trött.

Värre då höftlederna, muskelfästena i dessa viktiga kroppens gångjärn. De har gjort ont i decennier. Det försäkras att ont inte behöver betyda farligt, men ont är ont och jag har försökt fördriva det med diverse sjukgymnasters hjälp under åren.

Vad som är intressant med detta är den stora frågan som så småningom har utkristalliserat sig: Hur långt eller hur länge kan tänjning och träning hjälpa en gamling innan dessa övningar blir stjälpande, eller kontraproduktiva om man så säger. Hittills är min erfarenhet att alla goda krafter inom vården försäkrar: det är aldrig för sent att börja träna! Alla utom en ortoped som en gång lät undslippa sig något i stil med: Det kanske inte är så bra att utsätta gamla torra senfästen för så ihärdigt tänjande. Ja, det är den frågan det gäller.

Svaret – om jag nu med mig själv som statistiskt underlag kan våga ett svar – är att det gäller absolut att träna, men att träna på rätt sätt, lagom mycket (eller snarare lagom lite) och med för en själv noga avpassade rörelser. Man kan faktiskt hålla på för sig själv och göra något litet program varje dag, tid har man ju. Man blir både uppfärskad och stärkt.

Att inte träna vore att ge upp.

Tanter i min ålder har förstås erfarenhet av korsetter, de där fodralen som förr användes för att hålla in utputande kroppsdelar och hålla uppe strumporna. Jag minns ännu min stolthet då jag i tolv-trettonårsåldern fått lägga av det barnsliga livstycket med sina strumpebandsknorrar som dinglade från präktiga tygknappar i sidorna och i stället ikläda mig höfthållare. Denna var en liten remsa att häkta runt midjan, och från den hängde fyra stycken riktiga, damiga, strumpeband med knäppen. Det var en metamorfos. Man riktigt kände hur man började ta form som vuxen.

Nästa utvecklingsstadium var resårgördeln, och med den den så kallade "kvinnorörelsen", ett i möjligaste mån diskret grepp genom kläderna om gördelns nederkant som måste dras ner över stussen. Resåren hade nämligen en tendens att krypa uppåt. Innan jag sen hann upp i den ålder då det var dags att anlägga en korsett – eller korselett – som var ett riktigt bygge med valben och skoningar och doningar och hyskor och hakar, så hade nya vindar börjat blåsa och man fick veta att alla sådana hämmande fodral med fördel kunde slopas; kroppens egen spänst skulle hädanefter sörja för en snygg figur.

Där har vi varit länge nu. Välsignade med strumpbyxor har vi haft det rörligt och bekvämt för kroppen; hur det blev med spänsten har däremot blivit vars och ens samvetsfråga. Den spänst vi hade mer eller mindre gratis i ungdomen, den försvann.

Korsetten som figurformare är ute och ingen vill väl ha den tillbaka. Men ett annat korsettbegrepp har etablerat sig: muskelkorsetten. Och då är vi tillbaka vid träningen. Spänst är kanske inte det vi främst eftersträvar, men vårt behov av styrka för att kunna stötta ryggen har blivit allt angelägnare. Den pelare som håller oss upprätta behöver all hjälp. Träna muskelkorsetten! I den ingår fullt med muskler, stora och små, härs och tvärs, som alla behöver färskas upp. Och minst lika viktiga är musklerna i bäckenbottnen. Om den ger efter kan man ju räkna ut vilket elände man då kan råka ut för. Man kan börja läcka till exempel. För bäckenbottnen vet vi ju att det är kniiip som gäller. Och knipa kan man göra i största hemlighet, exempelvis då man står i kö, då man sitter på tunnelbana eller buss, eller medan man ser på tv. Inte särskilt roligt, men man får komma ihåg att musklerna är färskvara, har samma hållbarhet som mjölken. Träna och knip!

Ute på vårpromenad i en trakt där jag en gång bott fick jag se något konstigt ett stycke bort i en backe. Där låg ett stort klippblock, ett sådant som barnen älskade att klättra upp på från alla håll och kanter, och det konstiga var nu att det såg ut som om någonting var utbrett över halva stenen, något gult, gulaktigt och liksom blankt. Kunde någon ha lagt av sig rocken där i vårvärmen och glömsk gått därifrån?

Det var kanske trettio meter mellan mig och klippblocket och jag fortsatte att gå fram mot det medan jag spekulerade över vad det kunde vara. Jag fixerade det hela tiden med blicken. Plötsligt tvärstannade jag drabbad av en insikt eller kanske jag ska säga upptäckt. Det var ett stycke solljus som lyste emot mig! Så starkt avgränsad var den solbelysta delen av stenen att den tycktes konkretiserad helt för sig.

När jag nu visste vad det var så försvann den konstiga synen totalt och jag kunde iaktta hur runt omkring solljuset silade ner mellan trädens stammar och grenverk och hur det spelade över stenhällar och torrmark. Platsen ligger intill Ekebysjön i Djursholm, där finns fornlämningar, stensättningar, och jag har alltid tyckt att man känner i luften att där har bott människor för tusen och tusen år sedan. Naturen för evigt präglad av mänskligt liv.

En väninna säger att hon slutade köra bil, inte för att hon precis ser dåligt utan för att hon märkte att hon ibland feltolkar det hon ser. På långt håll kan hon tycka att en pöl på vägen är ett föremål, och hon blir förstås rädd för att köra på det. Om det vore ett barn på vägen som hon tog för en skugga och alltså inte bromsade in… Nej, sådana risker får man inte ta, man måste inse att det är dags att sluta.

En fundering jag har. Alla har väl prövat på det där dubbla seendet där man med viss viljeansträngning kan få sig att se antingen förgrunden eller bakgrunden, det vita fältet eller det mörka. Det kallas för reversibla bilder, och mest känd är kanske den vita vasen på hög fot, där den svarta bakgrunden kan ses som två profiler vända mot varandra. Eller minns ni den gamla hucklehöljda gumman med insjunkna kinder som – om man ställer om blicken – byts ut mot bilden av en halvt bortvänd, elegant ung dam med en stor pälskrage som blottar dekolletaget? En tolkningsfråga. I dessa bilder är förstås tolkningsmöjligheterna givna. Men när vår hjärna börjar tolka fritt och helgalet, när man ser gula kläder utbredda i solen och det visar sig vara just bara solen, då börjar det likna något annat. Just oförmågan att tolka vad vi ser, är det inte samma som kännetecknar de nyfödda barnens seende några veckor eller månader framåt? De kan ju inte strukturera synbilderna, det visuella systemet är inte färdigt att fungera. Vi som åldras och får uppleva hur våra förmågor försvagas och till dels tas ifrån oss, tappar vi så småningom vårt bildseende? Regredierar vi ända dit?

För ett par år sen började det hummas i min närhet om att jag inte borde köra bil längre. Jag brukade hävda min körvana sedan mer än ett halvsekel. Det hände då att jag blev påmind om ett tillfälle när jag prejades av polis på tillfarten till en motorväg och den trevlige unge uniformerade hade räknat upp mina försyndelser: inte åtlytt polisens maning att stanna (jag anade ju inte att det var mig han avsåg), kört om och därvid kört över heldragen linje. Jag androg min körvana. Och att heldragna linjer, det var väl snarare en rekommendation än ett förbud. – Puh, det var länge sen... Hör nu lilla damen, vi ska se genom fingrarna den här gången, men kom ihåg att hur lång körvana man än har så måste man lära sig vilka bestämmelser som gäller!

Jag brukade också hävda att jag var medveten om att jag inte var lika snabb i reflexen som i unga dagar, men att jag lika medvetet kompenserade med försiktighet. Jag tyckte också att jag vid halka kände mig säkrare i bilen än på benen. Dessutom androg jag kusin Ragnhild som varje år körde Göteborg–Åre i början av juni och tillbaka igen i september. Hon var 87 sista gången. Javisst, sa då någon, det var hon som måste ha en god vän bredvid sig som läste skyltarna. Hon gnällde över att solen bländade henne, men solglasögon kunde hon inte ha för då skulle det bli för mörkt.

Nå, jag fick slutligen ge mig och det var en sorgens dag när jag parkerade för sista gången. Det har nu gått några år, under vilka jag vant mig vid att vänta på bussar. Och försöker vara tillfredsställd med att jag slutade innan jag blev en trafikfara.

Att köra eller inte köra bil är förstås ett av åldrandets mindre problem. Men säg inte att det inte finns. Känslan av frihet och oberoende var så skön.

Den fanns förr. Den var god, den var beundrad, dess förlängning moderskärlek var nästan helig. Ett av de få värden i livet som är beständigt och pålitligt. Trodde vi.

Modersinstinkt hör vi inte talas om idag. Den verkar ha haft sin bästa tid, kanske har den krupit in under en annan benämning, betingning kanske. Din syn, hörsel eller känsel mottager en retning och hjärnan tänder en reflex som resulterar i att du agerar omvårdande gentemot din baby, är det så?

Vi läser i tidningen att den delade föräldraledigheten fortfarande delas ojämlikt. Kvinnorna vill inte ”släppa till” åt männen, de lägger beslag på 80 procent av hela föräldraledigheten. Det talas rentav om ett ”mansförtryck”. Man ser för sig alla dessa män som tigger och ber om att få vara hemma och ta hand om barnet, men nej, barnet är hennes område.

Men hur många av herrarna vill verkligen? Hur många känner sig eller kan bedömas som kapabla?

På 60-talet – ja, det är länge sen, men vi var även då levande och reflekterande – då stod att läsa i barnpsykologisk litteratur, att barnets nio månader inne i moderns kropp borde följas upp med att barnet fick motsvarande tid utanpå hennes kropp. Studier hade visat att spädbarnen upplevde större välbehag av att hållas intill en kvinnas lena hud jämfört med att läggas mot en mans sträva kind eller bringa. Det tyckte man lät helt rimligt. Ett sätt att mildra barnets acklimatisering i vår hårda värld.

Detta barnets behov var alltså bara ljug? Det är bara att korsa över?

Själv skulle jag aldrig ha drömt om långt bort i 40- och 50-talen att lämna över en baby till dess far. Han kunde inte hantera den. Han försökte aldrig ens. Det förväntades inte av honom, eller för all del av män i allmänhet. Man visste ju vad de saknade. Det där som nu förmodligen heter något annat men som kanske finns och bidrar till att kvinnorna helst tar hand om föräldraledigheten. Modersinstinkten alltså.

Med den följer en blick, ett övervakande öga. En känsla för hur läget är just nu, hur barnet mår, vad barnet behöver i stunden och vad det kommer att behöva om en timme, om två. Om barnet har lagom på sig , över sig, under sig. Om nappflaskorna är rena, hålet i nappen lagom stort. Om alla grejer finns hemma som barnet behöver. Etc. etc.

Alltså, det är inget konstigt med detta. Med hänsyn till att honorna har haft vård om ungarna under hela mänsklighetens historia fram till förra århundradets slut. Och att detta kändes och sågs som naturligt. Vad som har hänt i denna vår tid är inte att kvinnornas känslor för barnen förändrats, ej heller att männens känslor förändrats helt spontant. Som vi alla vet är kvinnornas väg till jämställdhet att ta halva arbetsmarknaden mot att ge ifrån sig halva hem- och barnsfären. Det tycks vara en tvingande nödvändighet. Vi skapar en ny modell för manligt/ kvinnligt, en ny modell för familjeliv. Vad sker med våra instinkter?

I min omgivning finns några pappor som tycks ha utvecklat fullgoda fadersinstinkter. De tar med entusiasm sin del av föräldraledigheten, de vårdar sina barn ömsint och kompetent. De avnjuter sina bebisar. Barnen ligger mot deras sträva kind eller bringa med alla tecken på att trivas med omvårdnaden.

Jag minns min förtjusta häpnad första gången jag såg den ene av dessa fäder lägga den nästan nyfödde i magläge i sin vänstra handflata, hålla fram honom under vattenkranen i köket och med högerhanden tvätta den lilla skära stjärten ren. Och den andre när han helt självmant bar bort glasbordet, ungkarlsvåningens stolthet, för att inte ettåringen skulle råka ut för något av dess vassa hörn. I allt övrigt helt suveräna barnavårdare, men hur många har nått dit? Då och då ser man en man dragandes barnvagn med en unge i som håller på att skrika halsen av sig. Man ser att barnet har för mycket på sig inne i köpcentret, men mannen visar alla tecken på villrådighet och tycks bara vilja ta sig från platsen så fort som möjligt. (För all del, även mammor kan ses i den situationen.)

Alltså, de där 20 procenten som är kvar tills föräldraledigheten är jämlikt delad, vad består den av för sorts män? Män som män var förr förmodligen. Nu tar vi undan de män som tjänar avgjort mycket mer pengar än deras kvinnor gör – det kanske starkaste argumentet för att de ska slippa göra barntjänst. Så där ja, nu slapp ordet slippa ur mig. Ja, det kan få vara med, också när jag talar om alla de män som hellre jagar älg, mekar med bilen, kör traktor och allt annat som män gärna gör och som gör deras händer grova och lämnar sorgkanter på naglarna.

För en tid sedan hörde jag i ett Ring!-program klockan nio på morgonen en kvinna som berättade följande. Hon hade vid flera tillfällen varit barnvakt hos sin son och sonhustru som fått sitt första barn. Och vid flera tillfällen hade den lille nyfödde skrikit oupphörligt, inga knep kunde få honom att stilla sig. Så en gång hade farmodern kommit på att lägga ner det lilla knytet i föräldrasängen, mannens halva. Barnet bara skrek. Av någon anledning placerade hon om det på moderns halva. Och se den lille tystnade så gott som omgående. Farmodern hävdade nu att det måste vara bäddens mammalukt som ingav barnet trygghet. De nio månaderna inne i moderns kropp måste ha impregnerat fostret med moderns lukt och gjort den väsentlig och i fortsättningen igenkännlig och trygg för barnet. Helt i enlighet med resonemanget ovan om nio månader inuti/nio månader utanpå.

Det är helt klarlagt att fostrets sinnen är så väl utvecklade mot slutet av graviditeten att det kan höra röster utifrån och musik. Att det också känner moderns rörelser har varit bekräftat genom alla århundraden av vaggande för att återge barnet en välkänd trygghet. Så varför skulle inte barnet känna moderns lukt efter att ha blivit till cell för cell inne i denna lukt?

Programledaren ställde sig tveksam. Inte var det väl ändå tänkbart att en unge skulle kunna känna igen moderns... hrm... doft? Han avslutade hastigt samtalet och åhörde sedan en manlig uppringare som så duktigt haft hand om sin son ända från nyföddheten. Och sonen hade blivit sååå lyckad! Små killbebisar behöver ju manliga förebilder.

Inte så säkert. Hittills har man ansett att pojkarna behöver sina mödrar under de första åren. Sen – och det kan för all del bli knepigt för en del av dem – övergår de till att följa faderns modell. För de allra flesta torde detta dock vara ett helt naturligt förlopp. Naturens poäng när det gäller kvinnans roll (eller uppgift) är att hon under graviditeten med dess ständiga fokus på barnet som blir till inom henne och under dess ständiga hormonpåverkan prepareras för att ta hand om sin avkomma. Hon går till verket så att säga med en nybildad lyhördhet för vad barnet kräver. Det gör faktiskt inte männen även om en del är både intresserade och läraktiga. Förlåt att jag låter så tvärsäker. Men det är jag. Instinktivt. Och många med mig.

Inte vill man att alla karlar ska kvoteras in över en kam till skötbordet. Borde man inte först göra en gallup som visar hur många män det finns som *inte* aspirerar. Och det handlar faktiskt om barnens behov, inte jakten på jämlikhet till varje pris, en skrivbordsjämlikhet som inte gagnar de små. Man kan förvånas över att inte de allra bästa spädbarns/mödrakännarna träder fram och vittnar. Jag vet bara en, gynprofessorn Mark Bygdeman, som medverkade i ett tv-program i den här frågan. Han underströk klart och tydligt det ytterst nära och intrikata och hormonellt betingade samspelet mellan mor och barn. Motsvarighet mellan far och barn finns inte.

Kanske är det bara att vänta. Opinionens tryck och kvinnornas avlastningsbehov kommer väl tillslut att urholka stenen. Men männens transformering måste få ta tid.

Två bänkar stod i rad efter varandra utmed väggen i min närmaste galleria, endast åtskilda av en större krukväxt. Jag såg genast att det inte fanns plats för mig på den högra bänken, där två mammor hade slagit läger med sina sammanlagt tre barn plus vagnar och kläder och flaskor och kexpaket och vad allt. Jag slog mig ned på den vänstra bänken för att vila mina ben och ta igen mig en stund. Jag fick precis rum mellan två andra gamla kvinnor, den ena med tunga kassar vid sina fötter, den andra med rollatorn i ett grepp framför sig. Vi satt som tre tysta sfinxer, vilande, ruvande våra tankar. Medan livet pågick på den andra bänken. Det ammades, rapades, byttes blöja, gnälldes, hyschades, disponerades om i vagnarna för ungar och grejer. Äntligen var de klara med sin mellanlandning på bänken. Den ena mamman knäppte igen om barmen och lade ner ett belåtet sovande spädbarn i vagnen. Den andra mamman fick inte till det. Hon hade inte tillräckligt med armar, kanske inte heller med ork. Hon hindrades från att lägga ned sitt spädbarn av tvååringen som kavade på henne och ville ha något, dock inte mössan som mamman försökte klämma ned på ungens huvud, den lilla började också skrika och nappen föll på golvet. Mamman höjde rösten, och det märktes att hon skulle ha höjt den ännu mer om hon inte haft åhörare. Stå stilla nu! Nej, säger jag. Hör du vad jag säjer! I allt mer irriterad ton. Hon lyckade så småningom lägga ned babyn, suga nappen ren och proppa in den i den lilla skrikande munnen som mumlade och gurglade kring den ett tag innan hon blev tyst i kontemplativt sugande. Tvååringen tredskades fortfarande och skrek när hela sällskapet rullade iväg mot utgången.

Den som sett den andra bänkens tre sfinxer i den stunden skulle upptäckt att deras gamla ansikten kluvits i breda leenden. Vi log. Vi log lyckligt igenkännande, postumt så att säga. Den ena tanten skrockade lite och den andra sa: "Jaa tänk. Jag fick mina så sent, jag var trettitre och trettinie. Men vad jag hade bra hand med barn, jaadå. När jag kom hem kunde jag aldrig ta itu med maten, jag måste sätta mig på golvet och leka med den minsta." Jag log och nickade mot henne och hon frågade: "Hur många hade du." "Fyra." "Jaså du, ja tänk att jag bara fick två..." Kvinnan med rollatorn bara log och vaggade lätt sitt huvud. Minnesbilderna därinne ville hon tydligen ha för sig själv.

Vi pratade om trender. Det där att unga människor måste framtona på ett visst sätt för att bli accepterade av sina gelikar, och att även vuxet folk titt som tätt förnyar garderoben och slänger ut halva bohaget och köper nya möbler och textilier för att visa att de är ”inne”. Mode handlar det inte längre om, det här är något som tycks ha ett mycket starkare grepp. Trenderna har makt.

Vad fanns det för tecken på din tid, undrade dottern, vad var det som var viktigt att man hade på sig eller hade för sig på 30- eller 40-talet för att vara inne? Hur skulle man vara för att duga inför andra?

Jag grubblar. Men jag kan inte hitta något särskilt. Vi var nog varken inne eller ute, bara vilsna och osäkra. Jag minns inte att vi använde ordet trend.

Vi hade inte så stora möjligheter till egna utspel, eftersom vår livsföring var så impregnerad med regler för vad man fick och inte fick, vad som gick an och inte. Som tonåringar hade vi heller inte någon talan, myndig blev man först vid 21 och ”de stora” bestämde det mesta.

Samhället var inte så komplext, utbudet av varor inte så diversifierat, valmöjligheterna rätt få. Som en jämförelse: tänk på avdelningen för mejerivaror i dagens livsmedelsbutik med alla olika sorters mjölk och fil och yoghurt och se sen hur vi gick ner i ”magasinet” med våra emaljerade hämtare som fylldes med några liter mjölk uppösta med bleckmått ur en liten bassäng. Ett annat exempel som fullkomligt skriar om skillnaden mellan då och nu är dagens modemedvetna och självständiga skolflickor shoppande kläder och smink för dyra pengar, och så vi där borta i trettiotalet som kunde få gå i brorsornas avlagda skjortor och bruna snörskor och bara någon gång per säsong fick gå ut med mamma för att köpa en ny klänning. Något tonårsmode fanns inte. Långbyxor i stan kom inte på fråga. Overall kunde man ha på landet, jeansen kom senare, minst femton år efter mina tonår. Sminka sig gjorde inga "fina" flickor. Den som visade sig i skolan med make up blev kallad till gymnastiklärarinnan och fick en rejäl avhyvling. Och hur många skolflickor stod inte i hissen och målade sig inför någon träff, för att sedan torka bort det igen i hissen inför mötet med föräldrarna.

Frågan om inne eller ute fanns bara inte på den tiden. Den allmänna räddningen ur all vår vilsenhet och osäkerhet bestod nog i att försöka vara "som alla andra", ta betäckning i gruppen. Bäst att vara en liten fisk i det stora stimmet, kunna känna sig lite starkare, lite rättare, som del av det stora kollektivet.

Ingen drömde om att man skulle sticka ut på något sätt, man skulle inte visa sig märkvärdig (om man inte råkade vara det, medfött, självständigt och begåvat, sånt fanns); jantelagen rådde ännu, dessutom försäkrades man att det inte gjorde något hur man såg ut bara man var snäll. Hel och ren också förstås.

Duktig i skolan fick man ändå vara, det var någonting bra även i kamraters ögon. Risken att bli stämplad som plugghäst förelåg bara om man därtill visade drag som streberanda, okamratlighet eller tråkighet. I den sektor jag överblickar var det heller inget fel på att läsa böcker och gå på föreläsningar.

Frågan hur man skulle vara för att duga kan nog besvaras med att man i allmänhet nog inte dög. Det gällde mera att lyda och vara till lags än att duga – dit var det långt. Man får inte glömma att en av tidens uppfostringsregler bestod i att helst inte berömma ett barn – ungen kunde ju bli bortskämd eller få för sig att hon/han var någon.

Även om vi inte hade någon talan och saker och ting bara hände omkring oss, så fanns om än diffust de stora frågorna Vem är jag? Vad har jag att komma med nu när jag ska ut i stora livet? Vad är min personlighets kärna?

Har jag alldeles fel om jag tycker att den fråga som unga människor ställer idag är: Vem vill jag se ut att vara? Och att det är trenderna som bestämmer vem denna *vem* föreställer. Att det gäller att stajla sig till den rätta framtoningen och att utrusta sig med de rätta tillbehören. Det förefaller som om de unga är helt inställda på att köpa sig en fullfjädrad och gärna föränderlig skrud, en som vänner och bekanta ska beundra fjädrarna på. De ikläder sig yttre betydelsebärande attribut i stället för att intressera sig för att utforska sina inre förutsättningar. (För all del inte generellt, det finns alltid de lyckliga som från början är medvetna om vissa anlag eller färdigheter vilka på ett naturligt sätt leder fram till yrkesverksamhet och livsinnehåll.)

Jag ser dem i rutan, jag lägger märke till dem i vimlet, en och annan glider förbi i min tillvaro. De unga männen med sina kletiga, spretiga frisyrer, när de inte har helrakat huvud och därtill skäggstubb över ansikte, haka och hals. (Ett manlighetens försök att hävda sig under pågående könsutjämning?) Och de unga kvinnorna med sina trassliga hår, benan i sicksack och slingor ner i ögonen – har de just vaknat och lyft huvudet från kudden? Blusens/tröjans/toppens urringning minst sagt generös ska visa mycket bröst och gärna ett par eller flera axelband, till och med olikfärgade. (Man blir fnissig när man tänker på dåtidens små ängsliga knäppen under klänningens axelsömmar som skulle hålla axelbanden i ett fast grepp så att inget tittade fram. Det skulle ha varit lika katastrofalt som om underklänningen "hängt under" eller om strumpsömmarna suttit snett.)

Det djupa dekolletaget mellan kavajslagen och höga klackar med långt utdragna skospetsar, kan det vara kostymkvinnans sätt att bejaka sin kvinnlighet i modet? Andra tar för all del till småflicksattribut som volanger och puffärmar. Många är mycket avklädda, även till vardags och mitt i vintern.

Kläderna ska vara idel märkesplagg, mobilen den senaste modellen, klockan dyrbar, kameran digital, solglasögon gärna som hårprydnad, sportutrustningen exakt föreskriven liksom musiken du lyssnar på. Lite högre upp i åldrarna är det bilen och heminredningen som ska vittna om vem du är. Bland aktiviteterna verkar det som om resandet är ett absolut måste när man slutat skolan och ännu inte börjat tänka på utbildning. Det är Asien, Australien, Kina som ska turistas i, gärna med ryggsäck och utan någon särskild planering.

Trenderna är obönhörliga i sina krav och löften, de trycker dem på dig och hotar: Så här ska det vara – annars duger du inte. Tonåringar lär kunna bestämma varann – trendriktig eller icke? – skoningslöst, i ett enda ögonkast. Sedan behandlar de varandra i enlighet med utslaget: schysst eller kass – och accepterar eller stöter bort. Grogrunden för mobbning är uppenbar.

Dagens unga människor, så oerhört mycket säkrare och frimodigare än vi åttioplussare eller ens våra barn någonsin var, tycks vara trendträlar. De är i vissa avseende starka, men i tydligt behov av trender, det stöd och den belöning som trenderna lovar. De mår dåligt.

Ungdomar mellan 13 och 24 mår allt sämre, rapporterar media. Såväl den psykiska som den fysiska ohälsan ökar. Många barn lider av svår stress i samband med skolprestationerna, alltför många fritidsaktiviteter, i vissa fall föräldrars skilsmässa och ofta därmed krav på anpassning i nya familjekonstellationer. Kanske en del av dem lever i en kaotisk eller urlakad hemmiljö, där de upplever att ingen har tid eller ork med dem. De har också anledning att oroa sig för att bli överfallna, rånade eller våldtagna. Och till allt detta kommer det globala eländet som deras späda och oerfarna sinnen drabbas av, dagligen, i ord och bild. Den stadigt ökande konsumtionen av ”lyckopiller” och andra medikamenter, alkoholmissbruket, drogerna, självsvälten och självmorden är skärande signaler om hur illa det är ställt.

Det förefaller uppenbart att det är väldigt mycket svårare att vara ung i dag än det var på ”vår” tid.

Själva utvecklingsstadiet är förstås som det alltid har varit, hormonellt betingat, jäsande av fysisk och psykisk oro, men förmodligen har det fått en kraftig tillsats av ångest och rädsla. Vad kommer att hända, med mig, med familjen, med hela världen?

På vår tid var ”försvinna i gruppen” ett sätt att hålla ångesten i schack, och kanske är det samma som ungdomar gör i dag, fast på ett mer utagerande och spektakulärt sätt när de anammar trenderna. Dagens trender har ju inte bara makt att lindra och blockera. Förutom belöningen nummer ett, att bli accepterad av sin grupp, innebär de också stor och njutbar konsumtion av materiellt godis och känslan av status, att ändå vara någon.

Gott och väl. Men hur länge? Om man blir kvar i en fejkad livsstil, vad händer då? Ur en intervju med psykologen Erica Falkenström saxar jag några tänkvärda meningar om just den här trendproblematiken.

”Ingen kan kompensera brister på en inre identitet med att jaga efter en yttre.”

”Våra intressen och värderingar ger mer identitet än hur vi ser ut och vilka vi umgås med.”

Vägen för trendträlarna till den där egna identiteten ger anledning till bekymmer. Hur ska de kunna lösgöra sig och i stället börja inrikta sig på sina inre resurser? Är det så givet att de mognar?

”De behöver vuxna som balanserar trenderna”, säger dottern, ”vuxna som ger stöd och förståelse så att de mer och mer vågar vara sig själva.”

Visst, det är ju det ideala, och naturligtvis förekommer det. Inte minst kan ”den äldre generationen”, dvs. vi gamlingar, stötta de unga, våra barnbarn, genom att intressera oss för dem och ge dem vår villkorslösa kärlek. Problemet är just det att så många vuxna sviker i det här avseendet, vänder de unga ryggen, fullt upptagna av att passa in i sina egna trendvärldar och/eller har varken tid eller ork att ta sig an sina barn. Det är ju tyvärr så här i livet att ibland ser man inte. Trots att det ligger mycket nära och är uppenbart angeläget. Och trots att det kan gälla barnens möjligheter att utveckla en genuin personlighet och att rädda dem från identitetsförvirring och stor inre tomhet.

Det yttre tycks vinna över det inre. Samtidsfenomen som trender går inte att bekämpa, därtill är behovet av dem för starkt och därtill finns det alltför många som tjänar på att skapa och vidmakthålla dem. Vad som borde angripas är det enorma problemområde som statistiken visar att unga människors uppväxtförhållanden utgör. Att ge barnen ett tryggare liv borde vara viktigare än allt annat. Men för att åstadkomma det skulle man behöva omdana hela den nutida livsföringen. Vore det över huvud taget möjligt?

Man kan undra. Trenderna är kanske ännu en komponent i det nutida livet som i längden kommer att bidra till en ny typ av människa.

VRIDA HÄNDER

Märker att jag sitter och vrider mina händer,
denna klassiska gest av förtvivlan.
Är det verkligen så farligt?
Inte som jag vet.
De mjölkar nog bara lite mänsklig värme
ur varandra.

Det kom för mig en så härlig bild, och med den rörelseglädje och hoppfullhet. Jag ligger och simmar i havet. Jag simmar med långa kraftiga tag. Långt borta på det glittrande vattnet ser jag en flotte. Det är den som är mitt mål. Jag ska klättra upp på den och sträcka ut mig i solen och njuta av tillvaron.

Det var ingen hållbar bild. Den blev strax grå och livlös, som när datorskärmen släcks ner, steget innan den slocknar helt. Den där flotten är inte inom räckhåll för mig. Det måste vara någon annan som ligger där och simmar, eller kanske en minnesbild. Jag är den som ska trampa vatten. För mig återstår att trampa vatten tills jag sjunker.

På sista tiden då jag ringde till min gamla bästis och frågade: Hur är det, vännen? Hur mår du? så svarade hon att Jodå --- visst. Jag har det bra.

Har man känt varandra i mer än sjuttio år kan man varandras tonfall. Så jag framhärdade: Är det något särskilt? Du låter lite nere. Är du ledsen?

Nej, jag är inte ledsen. Det har jag ingen anledning till. Jag är bara oglad.

Oglad. Och hon var inte ens från Norrland där en knapp är o-i när den fattas.

Hon negerade glädjen. Hon saknade varje spår av lust och livsmod.

Vi kunde samtalsvis komma överens om att det är svårt att vara glad när man inte kan förvänta sig något. För att kunna vara glad måste man se en liten möjlighet till att något trevligt väntar bakom nästa krök.

Min vän såg bara framför sig en ganska kort raksträcka, rätt knagglig också, och sedan inget.

Det händer att man går ner sig i ett ogladträsk. Det tar mycket kravlande och självövertygande för att komma upp igen på det torra.

Vem har inte upplevt det. Från mitt soffhörn sitter jag och stirrar ut över min närmaste omvärld, och det går en ljudlös kvidan ut ur mig. Över ensamhet, över tristess, över små onter och stora farhågor.

Nej, jag får lov att gå tillrätta med mig. Det här tillståndet är rentav farligt. Gå ner i en svacka och vad som helst för otyg kan hoppa på dig i syfte att förgöra dig.

En bra fråga att börja med är: Vad begär jag? Vid mina år? Jag kan förhållandevis inte må bättre. Ingen större krämpa som jag vet om. Det onda knäet blev bra av sig självt, vilken positiv överraskning! Jag har verkligen anledning att vara glad. Bara det att jag kan sitta och se ut över träd, en liten trädsamling på en bergsknalle med lite grönt gräs ikring. Det är fint att ha lummiga trädkronor mitt för sin näsa. De som bor högst upp har en milsvid utsikt, men vad är det mot att kunna se fåglarnas rörelser i grönskan, att någon gång få syn på något djur nere på marken. Ett vilset rådjur eller några harar, glada harar som leker i gryningen. Och ovanför trädtopparna har jag hela rymden, detta ständigt skiftande lufthav. Jag borde väl vara glad.

Och först och främst har jag ju mina barn, en varm urkälla och det viktigaste inslaget i min livsväv. Jag kan knappast sätta ord på vad de betyder för mig, de och deras barn, mina barnbarn, härliga unga människor. Ändå, i perioder av ensamhet, kan det kännas som om de är på väg bort från mig. Jag från dem?

Jag kan se mig omkring i min enkla boning. Allt vad jag behöver. Inte för mycket, inte för lite. Bordet framför mig som min vän båtbyggaren snickrade ihop och som nu tyngs av en liten trave böcker från bokrean och en phalenopsis som blommar för fjärde gången. Bara det en lycka. Liksom de andra växterna och det som blommar i vas och kruka. (Men att jag kastade den där trilskande bougainvillean som bara vägrade att blomma; jag känner en förebråelse drabba mig varje gång jag ser åt fönstret där hon stod.) Nya glasögon har jag också. Visst borde jag vara glad.

Jag brukar kunna få upp mig till nöjd. Det verkar vara ett stort steg mellan glad och nöjd. Och vem kan begära att alltid få känna sig glad?

En ung man bland mina närmaste, Stefan, kastade ut en livboj åt mig där jag låg och trampade vatten. Dvs. han råkade referera till min framtid och jag sa: "Vilken framtid?" Han slog ingalunda ner blicken. "Häng inte upp dig på ord", sa han. "Den tid du har den har du. Även om den tiden inte är så lång så kan du väl ändå känna att du är i tiden, att du finns, att du är levande och har vissa möjligheter."

Jag är i tiden, ekade jag. Inte bara kungen är i tiden. Jag. Alla vi som lever.

Det funkar för mig. Det är för mig en bra avstamp. Jag kan ta till mig Stefans livboj där jag ligger och trampar vatten. Jag har en viss utblick och jag ser mina möjligheter även om de är beskurna och inte så långsiktiga. Det är stärkande att trampa. Jag måste stärka mig varje ny dag för att kunna få något ut av den. Jag kan variera mina aktiviteter. Man kan lägga sig och flyta en liten bit och man kan pröva lite ryggsim. Man kan ibland känna sig väldigt glad över att man orkar trampa.

Vi är många som bor ensamma, eller själv som man har börjat säga. Ordet själv är förresten bra i det här sammanhanget eftersom det inte utelämnar en åt ensamheten. Man vill ju framstå som självständig och singel och inte som någon som sitter och snyftar över sin ensamhet. Det behöver inte vara något problem varken för gamla eller unga singlar.

För oss gamlingar, som inte har möjlighet och ork att röra oss och ta oss omkring, betyder ensamheten inte alltid något negativt. Trots vår begränsade aktionsradie kan vi känna en stor frihet, den att kunna fatta våra egna beslut i stort och smått, göra vad vi vill utan att stämma av med någon annan, rå oss själva. Många av oss är gamla mammor med rätt stora familjesammanhang bakom sig och har aldrig tidigare upplevt denna legitima frihet från hänsyn.

Det är också detta att ensamheten kan vara så skön. Som en vila för kropp och själ. Inga krav på mig. Inget jag behöver göra eller lyssna på, jag kan vara i frid i min värld.

Åldringsforskning har också visat att ensamheten generellt inte upplevs som plågsam av de gamla, utan snarare behaglig. På diverse äldreboenden har gamlingar försökt värja sig från att dras ut ur sina lyor för att deltaga i allsång eller andra utifrån kommande muntrationer. De har känt sig fullt tillfreds med att vara för sig själva i sina inre världar.

På senare tid har det hävdats att gamla borde ha tillgång till dator för att känna sig delaktiga i samtiden. Som med allsången är det väl med datorer så att det är synnerligen individuella behov det handlar om. Jag har svårt att tro att så värst många skulle få en ny blomstringstid tack vare nätet. För många är det bara en sak som skulle kunna ge liv åt ensamheten: en kär medmänniskas varma andning – och då vore det ju inte ensamhet längre. Vilket inte hindrar att många, speciellt 80 minus, skulle kunna nås och aktiveras genom speciella, individuellt inriktade aktiviteter. Det gäller att få dimman omkring dem att lätta genom att belysa intresseområden som fortfarande har lockelse.

Det finns dock en lömsk fiende som lurar på oss gamla i våra skilda ensamheter. Den att man i sitt solotillstånd ges ett enormt utrymme att fixera sin uppmärksamhet på sig själv. Visst nödgas man ägna otroligt mycket mer omsorg åt sin åldrande lekamen än man någonsin hade kunnat föreställa sig, men faran ligger på det mentala planet, där diverse dystra känslor kan bre ut sig som självömkan, barndomsnostalgi, skuldkänslor och plågsamma självrannsakningar. Man skulle kunna säga att det är risk för en sorts jagförstoring Det är helt säkert en negativ väg att vandra, förmodligen går den i cirklar och leder ingen vart. De som dras till att fylla sitt ensamma liv med sådant riskerar att snurra i en nedåtgående spiral.

Det positiva livsinnehållet – det är fortfarande och ständigt det som vi måste eftersträva. Konsten är att vända spiralen till att bli uppåtgående. Vi måste, nej så får jag inte säga, vi har alla chansen att välja och att försöka nå våra egna satta mål. Till exempel kan man börja pröva att inte säga ”Jag kan inte längre” utan hellre ”Jag kan fortfarande”.

Men – det händer att det finns en slutlig invändning - när man inte längre kan ge innehåll åt sin ensamhet. När en sorts ödslighet vilar över tillvaron, så som min mamma upplevde det redan i sjuttioårsåldern. Hon kände sig alltmera vilsen och övergiven, inte av sina döttrar utan av själva livet. ”Det är inte som det brukar, det är nånting här ovanför huvudet på mig, precis som om alla vet någonting som jag inte vet. Kan ingen tala om för mig vad det är det?" Och hon kunde sitta och vagga och undra vart alla hade tagit vägen. "Ska inte barnen komma hem snart?"

Georg Kleins bok med den läslockande titeln *Skapelsens fullkomlighet och livets tragik* visade sig innehålla intressanta essäer som till stora delar låg lite för högt för min fattningsförmåga, men slutet gick rätt in. Det handlar om placeboeffekten och dess motsats som kallas nocebo. Om placebo betecknar positiv effekt, så är nocebo motsatsen: för dig skadlig. Båda bygger på våra förväntningar. Om vi förväntar oss att en medicin eller en behandling ska vara välgörande så ökar chansen för att de verkligen blir det. Och motsatsen: om vi förväntar oss att något ska gå åt pipan, så skjuter vi på åt det hållet. Det gäller att så mycket som står i vår förmåga gallra fram sådant som vi kan bygga positiva förväntningar på. Då mår vi bättre, då blir vi gladare. Och bästa sättet är den gamla sanningen att ägna vårt intresse åt något som ligger utanför oss själva. Våra älskade närstående, alla underbara människor som vi kan möta såväl i verkligheten som i biografier och romaner, hobbies som att sjunga eller skriva eller samla små blå elefanter, ja det finns tusen exempel på att detta verkar. I min egen värld minns jag en tid då jag tyckte att det mesta var tungt och jobbigt. Av en händelse hamnade framför mina ögon en bild av Josephine Baker, den dansande och sjungande mörkhyade artisten som drabbade Sverige första gången i tidigt 30-tal med endast en klase bananer kring höfterna. Hennes leende med kritvita tänder! Hennes stora varma glada leende som också lyste ur ögonen. En bild i en tidning, en ögonblicklig verkan. Glädjen finns! Härliga människor finns i min värld! Ingenting i mina livsvillkor förändrades, men mitt humör fick en rejäl kick uppåt. Att sedan Josephine Baker fyllde ett helt slott med fattiga barn som hon adopterat, säger en del om kraften som fanns bakom hennes utstrålning.

Låt oss för skojs skull strippa våra livsvillkor inpå bara nakna benet; till exempel föreställer jag mig hur det skulle vara om man satt i någon liten avsides stuga som fördelsgumma. Satt på undantag som det också hette. Jag slår upp undantag i NE. ”Undantag - benämning inom fastighetsrätten på den pensionsliknande förmånen av bl.a. fri bostad som en bonde i äldre tid kunde förbehålla sig och sin hustru när han överlåtit sin fastighet, exempelvis till sin son.”

Man fick bo kvar. Men man hade inte längre något att säga till om. Man kunde ibland få komma in och ge ett handtag om det gällde bak, brygd eller annat man fortfarande kunde duga till, barnpassning kanske också. Vi säger att bonden föll ifrån, änkan kvar. När hon sen är riktigt gammal och orkeslös, hur har hon det då? I fotogenlampans sken kan hon se att läsa om hon har någonting att läsa och om hennes gamla glasögon är användbara. Husvärmen får hon skaffa sig genom att hålla eld i vedspisen. Potta har hon och tvättfat, vatten hoppas jag någon bär in åt henne liksom veden. Dasset ligger en bit ifrån, det kan bli knepigt. Vi låter henne ha radio, (ja, då kan väderleksgubbarnas röster bli hennes vänner i tystnaden). Telefon finns förstås inte, television och dator är inte uppfunna. Kanske har hon en ask albyl, men inga andra medikamenter. Inga blodtryckstabletter och ingen antibiotika.

Mot denna torftiga bakgrund kan mitt nutida jag känna sig ytterligt privilegierat. Jag har tack vare penicillin och sulfa och operationer och allsköns välfärd överlevt ett antal kriser och fått ett långt liv. Förutan allt detta skulle jag aldrig hunnit fram till undantagsåldern.

UT OCH IN

Världen snurrar för fort, vi får svindel, vi blundar, vi skakar våra vita huvuden och mumlar sinsemellan i våra gråa skägg om hur annorlunda... om hur konstigt... om att man knappt känner igen sig... Det är en annan värld, säger vi uppgivet till varandra.

Konstigast av allt är att den s.k. utvecklingen just under vår levnad tagit sådana sjumilakliv över industrialisering – motorisering - kommersialisering – atomkraftisering och en del annat på -ering rakt in i dataåldern och dess oanade perspektiv. Ingen säger emot oss: Det är faktiskt en annan värld. Den globala.

Och trots att det så ofta påpekas att vi människor lever med samma gamla reptilhjärna som vi redde oss med i hedenhösa tid, så förändras vi själva i takt med världen. Som om vi ömsade skinn. Vi beter oss på nya sätt, klär oss annorlunda, använder nya prylar och leksaker, pratar med ny satsmelodi och underliga betoningar och uttryck.

Det värsta är att nutidens tekniska förfaranden och manicker verkar fräta på sensualismen, våra upplevelser via de fem sinnena som hör till våra absolut största tillgångar i tillvaron. Vi borde slå vakt om all skön sinnesglädje, den som vi så väl behöver för att säkra känslan av tillhörighet och trygghet i det vi kallar verkligheten.

Den som har en nörd bland sina ättlingar vet vad jag talar om. Ung och vilsegången ute på nätet, där man kan leva i en virtuell värld till synes utan några behov av grönt gräs och blåsippor och röda vinteräpplen och farande moln, och utan levande medmänniskor att leka med och krama och kanske framför allt att samtala med.

Om det är världen eller vi själva som har krängts ut och in är svårt att veta, men någonting har skett. Mycket av det som förr åvilade vårt inre skyller vi nu på det yttre. Eller det agerar utifrån som hot eller påbud eller bestraffning.

Det måste ha varit för en tio femton år sedan som jag först lade märke till fenomenet. En ”kallskänka i ett rum i Bandhagen” yttrade i pressen detta: ”Jag har förlorat 40 tusen på enarmade banditer. De borde förbjudas.”

Om det var på finlandsfärjorna eller på olika restauranger hon hade stått och ryckt i de enarmade minns jag inte, men jag minns att jag tänkte: Du kunde ha låtit bli. Du kunde ha slutat i tid, innan du hamnade i ett beroende. Ingen har tvingat dig att spela.

En annan gång var det en ung kvinna som utropade i spalterna: ”Se vad P-pillren har gjort med min kropp. Jag ökade från 67 till 120 kilo på ett år.”

Jag tolkade förstås om det till: Vad är det du har låtit ske med din kropp? Det är väl du själv som bestämmer över den. Du har väl ett personligt ansvar, en egen vilja.

Sen är det rökningen. Alla vet ju att de amerikanska tobaksbolagen har fått betala ut enorma belopp till människor som råkat få lungcancer av att ha rökt cigarretter en livstid, därtill ”lurade” av en övermäktig tobaksreklam.

Många sådana reklamens offer har stigit fram och hävdat att de måste få pekuniär ersättning för sin försämrade hälsa.

Den slutsats man ska dra är uppenbarligen att det är andras fel när det går galet. Boven finns i omvärlden. Det är du som far illa och det är du som får betala. Inte kan det vara ditt fel?

Ett nytt exempel på att något inre ska ersättas av något yttre är kristdemokraternas förslag om en lag som påbjuder att vi alla visar civilkurage när vi blir vittne till någon situation där våld eller tvång ingår. Den som inte ingriper för att avvärja eller avbryta våldshandlingen ska beläggas med straff. Fullkomligt orimligt! Civilkurage är inte ett beteende. Det är en egenskap, en attityd som man har till någon del eller som man inte har. Den som har den här typen av mod visar det när behovet så påkallar. Den som inte har civilkurage väljer kanske att sätta sig själv i säkerhet och kan inte handla annorlunda hur mycket lagen än hotar med straff.

Att vid vite påbjuda civilkurage vore övervåld på folks integritet. Vi ska var och en ha rätt att bruka vårt eget omdöme för att avgöra om vi bör och kan ingripa i en viss situation eller inte.

Hur personligheter som omfattar mod blir till är en helt annan fråga som har med genetiskt arv, uppfostran, förebilder, idealitet och kanske annat att göra.

Förr (nej allting var inte bättre förr, men nog kan det vara värt att fundera över hur det har gått med vissa normer som existerade förr i människornas värld), förr alltså fanns hos människor en önskan att vara en bra människa. Förvisso inte hos varenda en. Men man kan nog se det som ett grundmönster. Somliga siktade på att bli en god människa i kristlig mening, andra nöjde sig med att vilja bli typ hygglig och rättskaffens. Bland mina enkla förfäder, liksom säkert bland dina, var herrans tukt och förmaning aldrig långt borta. En bra människa skötte sina åligganden, höll sina löften, stod för sina gärningar, ljög inte, stal inte etc. Det var den smala vägen som gällde. Den som halkade i diket riskerade straff och definitivt att hamna på ett mycket varmt ställe.

Dygden var rättesnöre, moral och moralism vakade, samvetet

talade så gott som oavbrutet och var och en gjorde sin plikt hur surt det än kändes.

Nu verkar det inte finnas några stoppmärken vid bredare vägar och kör vi i diket så gör inte så mycket. Vi ser genom fingrarna med egna och andras felsteg och belastar inte samvetet i onödan. Helvetet är det inte tal om. Det är mera: Gör vad du vill, det är okej, bara du inte åker fast!

Är det svårare att vara en bra människa i dagens samhälle? Kanske är kommersialismen och reklamen, trendernas tryck och mediernas idoler för dagen alltför starka makter för att den enskilda människan ska kunna hävda sin inre övertygelse och dess klena röst.

Det påstås nu att moral och etik har kommit tillbaka in i samhällsdebatten, de lär vara efterfrågade storheter inom våra företag. Så bra. Varningarna på cigarrettpaketen är kanske uttryck för ett sådant omtänkande, men nog är resultatet väldigt likt ett exempel på dubbelmoral. Det här som jag salubjuder till dig är väldigt farligt! Köp det men akta dig för att använda det.

Det kanske ska ses som att producenten dels har sin säljarroll dels också integrerar köparens intresse – eftersom man inte kan vänta sig att den lilla individen kan se sitt eget intresse och själv kämpa emot.

Allt som riskerar att fara iväg på ett oberäkneligt sätt måste ha spärrar, någon käpp som automatiskt körs in i hjulet och bromsar framfarten. Bilar, kärror, även barn behöver det. Vi alla måste ha spärrar, får inte gå omkring och vara oberäkneliga. Spärrar är absolut nödvändigt för att en människa ska gå säker för att inte begå oacceptabla handlingar och utsätta sina medmänniskor och kanske sig själv för skada.

Att installera spärrar i ett litet barn är inte så svårt. Även den mildaste uppfostran kan lyckas med det. Små barn är oerhört lyhörda för dova tonfall, lyftade ögonbryn och pekfingrar. (I åttioplussarnas barndom fick man smäll och försågs inte bara med spärrar utan även med ångest och rädsla; vilja och företagsamhet ströps.)

Bekymrar man sig om dessa oundgängliga spärrar nu för tiden? Har man någon policy för hur de ska inplanteras i barnen på dagis? Förhoppningsvis. Men så många unga verkar komma ut i livet helt i avsaknad av spärrar. De går lös på varandra med hotelser och knivhugg, de stjäl från varandra och från vem som helst som råkar korsa deras väg i en kritisk stund.

Kanske några av dem har haft klena spärrar som satts ur funktion av alkohol eller droger.

Det finns en hel del, företrädesvis unga, som ägnar sig åt våld och förstörelse och som definitivt lider brist på spärrar: de som själva utsatts för vidrigheter och kränkningar och som sett sina närmaste misshandlas. De är allvarligt skadade i sin tilltro till livets goda krafter. Kommer de någonsin att kunna helas? Kommer distans och mognad att kunna medföra någon läkning?

Men de som växer upp i ”vårt lugna hörn av världen” --- nej jag kan inte fullfölja det här resonemanget. Vi är inte längre det lugna hörnet. Vi har i varje stund utblick över vad som händer i hela världen. Alla skändligheter och förfärligheter. Och vi märker hur våldet kryper närmare, en av fyra skolungdomar har hotats eller skadats, säger statistiken.

Jag tror att omvärlden har blivit oss övermäktig.

Jag minns en liten pojke som blev så skrämd och ledsen när vi läste sagan om jägaren som ”sköt den lilla kråkan ned” att vi måste sätta ihop ett par blad i boken med gem så att de inte i misstag skulle falla upp och visa bilden av jägaren som lyft sitt gevär till kinden och siktade på kråkan.

Hur skyddar man barn från våldet och hur ska man förhålla sig för att inte bli avtrubbad och hård?

Vår barndoms indianböcker innehöll ett fullkomligt bestialiskt våld som vi läste med hemliga rysningar av sammansatt natur. Vi var ju i vår trygghet. Sånt hände i böcker. Det hände långt borta. Radion stod och murrade om krig på andra sidan av världen, i Indokina, vem visste ens var det låg. Det var betryggande. Vi kände oss aldrig hotade.

Men idag. När fullt läskunniga små skolbarn kan läsa på löpsedlarna dagens ohyggligheter: "Gick med bäste vännens huvud i sin ryggsäck" – "Barnen såg mamma mördas" - "Knivskuren" och knivskuren igen och på snart sagt varje sida i tidningarna återkommer ordet dödades. Varje dag. Och det är här. Inte långt borta. Det hör till vår vardag. Hur kan barn växa upp i detta och bevara sin mentala hälsa? Hur mycket kärlek och trygghet skulle behöva läggas i den andra vägskålen för att hålla hotet borta från barnet? Finns det så det räcker?

Samtidigt säljs videofilmer med våld, ges vanliga spelfilmer med våld, tidningar med våld. Samtidigt tillhandahålls dataspel med odiskutabelt våldsinnehåll, som föräldrar låter barnen ägna sig åt i timtal varje dag. Och det finns människor som påstår att allt detta inte är till skada för barnen. Ofattbart.

Man ser ofta frasen: Barn gör inte som vi säger, de gör vad vi gör. Visst, de tar efter det mönster de har för ögonen. Hur kan de annat göra? Medan barnets medvetande vidgas under de första åren, är det verkligheten omkring det som blir till ett grundmönster: Så ser världen ut. Sådan är världen. Det ska mycket till av inflytanden, insikter och smällar för att väsentligt revidera detta grundmönster, även om det förvisso påverkas hela tiden i takt med att barnets erfarenhet växer. Men avtrubbningen och hårdheten kan ha varit igång redan från de första hotfulla upplevelserna.

Varför kan vi inte vara mer rädda om barnen? Deras mjuka insida.

Förr, det var som sagt inte alltigenom bättre, det fanns en massa elände som i dag är avskaffat. Det fanns förvisso knivslagsmål. Men landets skolungdomar bar inte kniv, överföll inte varandra med kniv. Gick inte ut i en känsla av att behöva försvara sina liv.

Titta inte, väste mamma när vi satt på spårvagnen och hon såg hur min blick fastnat på en gubbe mitt emot och den klassiska barnafrågan dallrade i luften: Varför är den där farbrorns näsa blå?

Titta inte, glo inte, peka inte, flödade det ur mungiporna på alla mammor – det var så många aparta saker som fångade ungarnas blickar, saker som inte fick uppmärksammas. Maningar till hänsyn mot ”din nästa”, lika omedvetet som självklart levererade. Det gick ut på att inte kränka nästans, den andres, värdighet, inte uppträda för honom/henne anstötligt, hotfullt eller misshagligt.

Om detta kan man läsa i sociologiprofessorn Norbert Elias *Sedernas historia* från 1939, en senare översättning från 1989. Denna tjocka lunta redogör för civilisationens framväxt i Europa, hur människor genom tiderna ställt sig till sådant som hygien, etikett och våld. Vilka samhälleliga konventioner som rått om hur människor borde bete sig i umgänget med varandra. Man kan säga att hänsynen mot nästan går som en röd tråd, i varje fall en av flera röda trådar, genom hela verket.

Det var inte comme il faut att snyta sig i bordduken, men det kunde gå an att lite diskret torka av fingrarna på dukens nedhängande flikar.

Det var inte snyggt att sitta och välja ut den bästa köttbiten på fatet, nej, då som nu skulle man ta för sig den bit som låg närmast.

Att stoppa kniven i munnen var absolut förkastligt. Kniven, detta vassa allroundverktyg, togs ur bältet för att skära födan i lämpliga bitar. Om den fördes upp till munnen löpte man viss risk för att grannen skulle råka stöta till en och man satt där med uppfläkt kind. För att inte tala om att grannen kunde bli nervös om man i någon hetsig diskussion började vifta med kniven i halshöjd.

Om någon hukade bland buskarna eller i en öppen miljö avlägsnat sig lite från vägen för att ”förrätta sitt tarv” så skulle ingen nyfiket följa honom med blicken.

Ävenså skulle blicken vändas bort om man uppfattade att en person i ens närhet hade råkat i affekt, om han grät eller på annat sätt betedde sig obehärskat.

Ej heller gick det an att stirra på några som utväxlade en ömhetsbetygelse eller visade någon typ av intimitet.

Det gällde att värna om vars och ens rätt till sin privata sfär.

Speciellt viktigt var det att låtsas oseende inför lama, lytta eller över huvud taget synliga deformiteter. Att visa att man observerade en annans olycka, att ta till sig den, var att göra den publik och antastbar, att påtala den för den drabbade, att lägga sten på börda. Det var bara barn, obildade och dårar som hånade, skrattade åt och begabbade synliga avvikelser. Primitivt beteende måste ersättas med en medveten behärskning. Den kittlande lyteskomiken fanns ju där, lurande.

Det var inte lätt i den eländiga tillvaron att leva med värdighet och bli bemött med respekt. Man måste hjälpa varandra att uppehålla skenet. Vi kan alla drabbas, vi kan alla klanta oss, vi är alla utsatta. Vi måste var och en få behålla ansiktet.

Titta inte, glo inte. Jo, gör det, negationerna är upphävda. Idag ska vi titta och glo på allt, utan restriktioner. Vi ska bänka oss framför burken och titta. Lyssna ska vi också, men framför allt se. En bild säger mer än tusen ord. Absolut.

Medmänniskor utlämnas till vår känsla och kommentar, krigsoffer, terroroffer, såriga, blödande, sönderslitna kroppar. Hem i ruiner. Gamla som berövats sin sista chans till omvårdnad och trygghet, kvinnor i förtvivlans gråt över förlust av man och barn och framtid och livets mening. Krigsfångars förnedring, gisslanoffers dödsskräck. Där sitter vi alla millioners miljoner tittare och bevittnar ohöljt hur dessa drabbade ser ut och beter sig i sitt livs kanske svåraste stund.

Häng med, informera dig, var global. Allt ska vi se. De svältande, apatiska barnen med flugor krypande i ögonen, andra barn som trampat på minor och fördärvats. Blicken hos den lilla pojken på ett torftigt sjukläger... kameran följer hans kropp nedåt, trasor och bandage, därefter ingenting, benen saknas. Hans blick – outhärdlig.

Häng med i det mest intima, in genom nyckelhålet och var med när andra idkar sex. Förvisso är det inget utväxlande av ömhetsbetygelser, det handlar om mekanisk sexkonsumtion som alla hugade kan gluffa i sig. – Jo, det finns avstängningsknapp.

Den mediala bevakningen, visst. Men hur långt, hur ingående, hur heltäckande? Vi vill att lagbrytare och samhälleliga felaktigheter påtalas och dras fram i ljuset, men sen? Stocken och skampålen är visserligen avskaffade, men hur mycket mer humant är mediadrevet som skoningslöst gräver fram och belyser och är helt outtröttligt i att brännmärka och belasta?

Hänsynen till ”nästan”, respekten för ”den andre” som människa, den försvann i den moderna tidens anonymitet. Mellan nästan och dig är tv-skärmens hårda kalla glas. Nästan är förvandlad till bild. Du kan iaktta minsta skiftning i ansiktsuttrycket, men nästan vet inte om dig. Du kan ostörd konsumera din nästa. Det kan bli till ren underhållning. För den avtrubbade är det likvärdigt med fiktion.

Det måste finnas en gräns. Förmodligen balanseras det redan på en sådan, men kanske den är feldragen. Har tänjts och tänjts in på privata områden.

Vad man kan undra är: vad sker så småningom och vartefter med oss tittare? Vad blir vi för sorts människor? Och är det bra för små människor att sitta dag efter dag och matas med fruktansvärda bilder av mänskligt lidande? Blir vi mer medvetna och skärpta i vår empati? Blir vi bara alltmer avtrubbade?

Ja, med allt detta globala i oss, hur blir vår egen privatsfär?

SLÄKTE

Abram Hansson i Helgom
och Nils Pehrssons hustru i Mo
Eric Ersson i Löfliden
och hustrun
drängen Jacob i Sockenstugan
pigan Maria Olofsdotter i Ås

Nej det är inget försök till dikt, även om åtminstone jag tycker att raderna är välljudande. Det är en anteckning i Helgums födelse- och dopbok för år 1786 som talar om vilka som var faddrar till nyfödde Anders i Guxås.

Anders med tillnamnet Andersson är min mormors morfars far och om honom vet jag bara att han var bonde och hemmansägare i Guxås, Helgums socken, Ångermanland. Därtill var han en tid fjärdingsman och hade elva barn med hustrun Dorothea (Dordi) Ersdotter (Anders, Erik, Anna, Märta, Cajsa, Greta, Nils, Vilhelm, Nils Olof, Anna och Nils Petter). Han var 71 år och 27 dagar när han dog. Stackars Dordi sjuknade och dog på vägen till Långsele – vad hade hon där att göra? Det är tvåan, Erik, som förde släkten vidare.

Man kan knappast känna av någon släktskap. Familjen i Guxås döljer sig för min insyn, och det Erik förmedlade med sina gener kan inte finnas kvar hos mig i annat än homeopatiska doser. Men ändå tycker jag det är fängslande att läsa om dem och alla de andra i den svarta boken med släktutredningen som min mamma lyckades få ihop. Inget egentligen intressant eller ”fint” bland dessa anor. Fjärdingsmannen i Guxås låter förstås rekorderligt, och en carabiniär och en ryttare nere i Skåne höjde sig också över mängden av enkelt folk, torpare och backstugusittare.

Vad som berör mig mest i det livsinnehåll som skymtar i den svarta boken är en katastrof som utplånade så gott som en hel familj i oktober månad 1806. Den hade drabbats av något man kallade dragsjuka; benämningen mjöldryga finns också. Idag heter det ergotism, man kan slå upp det. Det handlar om en svampförgiftning av säden som via mjölet/brödet angrep människor; fallen var ofta många, man talade om epidemier. De giftiga mjöldrygesporerna hade fruktansvärda effekter på de inre organen. Innan Berita Fredriksdotter, 37 år, avled fick hon uppleva de tre äldsta barnens insjuknande och död och sedan även makens. Den 7 oktober dog nioårige Peter och lilla Stina, 4 år. Sjuåringen Johannes strök med den tionde och mannen två dagar senare. Berita fick en vecka på sig att sörja dem alla, sen var det slut även för henne. Jag kan genom två hundra år känna som ett molande eko av denna turbulenta, smärtsamma sjukdoms- och sorgetid.

Ensam kvar blev det yngsta barnet, lilla Maja, fyra månader gammal. Hon skonades genom att hon hade ammats och inte fått äta av brödet. Ovisst hur och var hon sedan växte upp, men jag kan räkna till sex pigplatser i Småland och Skåne, innan Maja fick ihop det med Anders Nilsson och blev gift och bosatt i Nosaby och förde släkten vidare. Hon var min farmors mormor.

Om jag inte känner släktskap med dessa sedan länge avdöda, så är det ändå en sorts samhörighet. Det är inte släkten som familjeförgrening utan släkten, med en annan betoning och betydelsen släkte, som i psalmen där "släkteen följaa släktens gång". De levde så nära torvan och med så stor möda. De hade bara sig själva att lita till, sina händers kraft och sin eventuella klurighet.

Det känns på något sätt tillfredsställande att i någon liten mån ha fått uppleva den sorts liv som de förde. Att vara en sentida länk. Att vara en av dem som sett karlar gå med årdret bakom hästen och plöja åkern, och som liten stått och tittat på gummorna som låg på blöta knän på bryggan och klappade och sköljde tvätten i kalla vattnet. Många med mig har deltagit i eller bevittnat sådana mödor, men vi är på upphällningen. Man kan bli helt överväldigad av tanken på hur mycket bättre vi alla har fått det i vårt land. Även om man idag talar om en ny sorts fattigdom. Till vilken dock hör livets nödtorft och teve.

1789 D:ca 1:a Post Pasch /efter påsk/ begrovs åbon Carl Hansson af Tryde, som efter ett par dagars siukdom af bröstwärk och andetäppa dödde d. 12 April i dess 50 åldersår.

Carls bouppteckning är gripande i sitt armod. "Silfver eller penningar war ej till finnandes, ej heller Koppar." Under Järn Wahror: "1 g. /gammal/ söndrig spada", under Träa Wahror: "4 st. dyngbräder, 1 Rylle bår, 1 Fureskåp med Hängslor och söndrig Lås..."

Och

1814 Maij 27. Dog uti Tomelilla Mårten Pehrssons Hustru Bereta HansDotter 68 år gammal af Ålderdoms bräcklighet.

DAGARNA GLÖMMER

Dagarna glömmer sina siffror,
inte den fjärde, inte den tjugosjunde.
De låter sig inte räknas,
var och en sig själv.

I en vårblå far jag med farande skyar,
en frostvit låter mig stelna med allt fruset.
En blytung av gammal sorg kastar ingen frälsarkrans.
En fyller hjärtat med guld från aspens gyllenbruna hjässa.

Inte längre några enstaka företeelser, de där sinnesintrycken som på ett magiskt sätt trollar fram ett minne som man väl trodde – om man nu kan tro något om någonting som man inte minns – var borta för alltid, eller aldrig ens värt att försöka dra fram ur dimmorna. Det händer hela tiden.

Nu skulle jag egentligen först vilja ha receptet på Prousts madeleinekakor. Man kan bara inte hålla på och åberopa någonting som man inte ens vet vad det är. Som barn brukade han serveras en kopp lindblomste med madeleiner hemma hos sin tante Léonie. Kakan doppad i teet utvecklade en speciell arom under hans näsa. När han senare i livet bjöds på madeleinekakor, så återuppstod i hans minne inte just kaksmaken utan själva den förtrogna testunden hemma hos tante Léonie.

Dessa minnen genom association tror jag är något som ständigt poppar upp hos oss gamla. Vi har ju så ytterligt många lagrade sinnesintryck. Och så kanske vi inte har full koll på minnestrådarna. De bara kopplar. Till exempel denna morgon då jag går ut på balkongen och överblickar den lilla blandskogen på kullen där utanför och andas in en klar, kylig, barrdoftande, mark- och mossaromatisk luft – genast är jag tillbaka i en viss situation på sommaren 1940, den första krigssommaren, då jag luftbevakade under några veckor i en förläggning i skogarna kring Södertälje. Plötsligt är jag tjugo år och förnimmer med hela min varelse det oerhört starka syn/doftkomplex som drabbat mig däruppe i tornet i gryningstimman. En fräschör som jag knappast upplevt sen dess. Jag tar tacksamt emot. Det är ju en nåd att få en sådan rik och stimulerande känsla i retur.

Jag har en servettring av silver som jag aldrig använder. Kanske en dopgåva. Men varje gång jag stöter på denna enkla ring med inskription så får jag smaken av havregrynsgröt i munnen. Lätt vidbränd faktiskt, eftersom alla barnen kom droppande till frukosten med någon stunds intervall, så gröten var varmhållen på spisen. Jo jag tyckte om den ändå, och jag tycker om minnet av åratals morgongröt för så länge sedan då jag drog servetten ur den lilla silverringen innan jag högg in på gröten.

Förr brukade inte dessa gamla sinnesminnen poppa upp. Det fanns förmodligen ingen plats för dem i medvetandet. Nu kommer madeleinerna på löpande band. Förresten, jag slår upp *madeleine* i lilla Larousse, detta digra lexikon som brukar kunna ge svar på det mesta. Jo då. En lätt kaka, står det, gjord av socker, mjöl och citronjuice, eau de vie och ägg. Vidare kan förekomma olika tillsatser av russin, päron, plommon eller persika, frukter som brukar mogna omkring den 22 juli, den heliga Magdalenas dag. Inte ett ord om Marcel Proust. Däremot finner jag i en bok om mat på Prousts tid följande: ”Små runda bakverk som kallas madeleinekakor och ser ut att vara gräddade i räfflade snäckskal.”

Receptet kunde ha varit mer preciserat. Men någon kanske kunde ta upp en tillverkning och lansera madeleinekakor på Magdalena/Madeleinedagen som fortfarande i vår almanacka är den 22 juli, ett av fruntimren ju.

Andra sorters minnen är alltmer nödbedda. Vad var det nu igen? Jag hade namnet på tungan alldeles nyss.

Jag brukar titta på staren när den står i gräsmattan och tar spjärn för att dra upp en mask ur jorden. Masken håller fast och tänjs ut, men staren brukar vinna. Det gör inte jag när jag förtvivlat försöker dra fram en händelse, ett namn, ja bara det som hände nyss, för en stund sen. Tog jag verkligen tabletten? Låste jag dörren?

Enklaste lilla minnesända slinker undan och är borta, så totalt. Jag blir både generad och oroad. Det kan ju tyda på eller förebåda senilitet eller den fruktade sjukdomen som börjar på A. Någon tröst är dock att det sökta minnet ibland kommer fram i ett annat sammanhang och att jag då känner igen det.

En utsökt beskrivning av vad en gammal människas minne kan vara finns hos Stina Aronson i *Sång till Polstjärnan:*

”Hon var så gammal att hennes minne var omsmält till ett slags flytande klarhet utan behov av fasta hållpunkter. Och denna upplösta klarhet tog hon ofta för säker kunskap om vardagens händelser.”

När man har hunnit till denna illusoriska klarhet har man förstås slutat att kolla och undra och gå och leta efter saker.

Han skulle ha varit 56 i denna dag. En man i sina förmodligen bästa år. Jag undrar ibland vem av sina syskon han skulle ha liknat mest. Vad det skulle ha haft för betydelse med en bror till i syskonskaran. Han har inget namn. Han blev aldrig född.

I början av femtiotalet var det två läkarintyg som gällde för att en abort skulle få utföras. Min ordinarie gynekolog sa: ”Okej, jag gör det om ni får intyg från en annan läkare. Men jag gör det motvilligt. En kvinna som ni skulle kunna föda åtta barn.”

Det skulle jag kanske kunnat, rent biologiskt/fysiskt, men bara så. Jag fick det andra intyget. Av en läkare som inte bara såg till min barnafödarkapacitet utan bedömde min situation i dess helhet.

När jag numera någon gång drabbas av tankar på den son jag aldrig fick så står han där i min inre värld med sina krav på att ha blivit född, på ett liv. Han var ju påbörjad, ja alla vet ungefär hur långt ett barn har hunnit utvecklas fram till, om det nu var tolfte veckan, jag minns inte, och jag minns inte heller allt det som var så besvärande i min situation.

Men jag minns hur tillvaron liksom stannade upp medan jag sakta gick från brevlådan nedför trädgårdsgången samtidigt som jag läste utlåtandet på graviditetstestet: positivt. Jag blev som blockerad av problemet som tornade upp sig framför mig.

Jag vet, men jag minns inte, hur fruktansvärt trött jag var av att i veckor ha hostat mig igenom nätterna samtidigt som jag passade sexåringen och treåringen som också hade kikhosta och som skrek och gnällde och kräktes. När jag födde barn nr tre behandlades hon med serum för att inte bli smittad, men hon fick kikhosta hon också och hela hennes lilla kropp skalv av svåra hostanfall. Det var en orolig och påfrestande tid.

Det fanns en barnafar, men som de flesta män på den tiden räknade han inte hem och barn som sitt område. Han hade ju ett jobb att sköta! Han fattade ju att ett fjärde barn så tätt inpå det tredje förmodligen var mer än jag skulle orka med, men mer än det fattade han inte. Inte jag heller.

Alla omständigheter sammantagna röstade nej till det påbörjade barnet, han togs bort och paniken och problemet var undanröjda. Jag har såvitt jag förstår aldrig haft skuldkänslor. Det som uppenbarar sig nu på ålderns höst vill jag inte kalla skuldkänslor, men där står han ibland för mig, inte som om jag såge honom som kött och blod utan mera som om han efter sitt icke-liv, sitt astralliv, ställer mig frågan: Hade jag inte rätt att leva? I grund och botten tycker jag att han hade det.

I Sverige ökar stadigt antalet aborter. Under 2009 utfördes 37 524, och de allra flesta bland kvinnor i åldersgruppen 20-24 år. Under första halvåret 2009 har mer än 20,8 kvinnor per 1000 genomgått abort.

37 524 individer, de allra flesta förmodligen friska och livsdugliga, bortvalda för att man inte hade plats för dem i sin tillvaro. Tillräckligt många för att fylla en hel stad. Vilket befolkningstillskott! Men som sagt, oönskade. Ingen vet i hur många fall beslutet om abort föregicks av tvekan, vånda, rentav sorg. Min gissning är att man numera har allt lättare att bestämma sig för abort. Vad jag grundar det på? Jo, som det är med allt svårt: ju fler gånger det sker, ju vanligare det blir, desto mindre upplever man det som svårt. Och vi har ju en abortlag som tillåter. Vi vill ha denna möjlighet, det ska understrykas.

Men ändå. Alla dessa ofödda barn. Jag tycker att de kräver något av oss, av sina föräldrar. En människa blir till och utvecklas från det moment då embryot fäster sig i livmoderväggen. Men under de arton första veckorna av sin tillblivelse är det lätt att plocka bort den embryonala människan. Själva födelsekontrollstekniken, med dagen-efter-piller och allt, är så enkel att man borde kunna klara av att inte bli gravid, inte hamna i den situationen att man måste göra sig av med fostret. Jämför bara hur det var på 30- och 40-talen då man hade mera kladdiga och störande metoder. För att inte tala om ännu tidigare, då det knappast fanns några godtagbara metoder alls.

Jag vet att jag inte är den första som undrar om inte själva möjligheten att avbryta graviditeten bäddar för ett visst lättsinne. Jaha, där kom det. Jag låter som en riktig moraltant. Men det handlar ju faktiskt om moral. Vårt förhållningssätt till det ofödda barnet.

Rätteligen borde jag ångra min abort för mer än femtio år sedan. Men jag gör inte det. Jag valde den utväg som stod till buds, när nu omständigheterna var som de var …

Nej, jag kan inte komma loss ur kluvenheten: å ena sidan är man en frisk och barntillvänd kvinna som inte skulle tvekat att föda det fjärde barnet om, och det är ett avgörande om, bara omgivningen slöt upp och stöttade och hjälpte. Å andra sidan är det ju så att man ingår i ett samhälle som har färdiga regler för en massa saker, och möjligheter som t. ex. abort. Lätt och tillgängligt. När man är riktigt pressad ifrågasätter man inte. – Och kanske är det det jag upplever som fel, att denna lätthet får oss att nonchalera ett gryende liv. Men det är grumligt.

För inte så många tiotal år sedan fanns begreppet främmande. Främmande människor alltså, okända, utifrån kommande. Fast uttrycket gällde människor som man i allmänhet kände mycket väl. Vi ska ha främmande på lördag, kunde man säga. Det kommer främmande, om det var lite mer oväntat. Att vi skulle ha gäster kom inte på fråga. Sånt hade kanske "fint folk", men hos oss skulle det ha låtit tillgjort. Gäster kunde möjligen finnas i speciella samband som badgäster och hotellgäster.

Går man ännu längre tillbaka och kanske i landets utkanter så var det ofta verkligt främmande det gällde. Och det var lite problematiskt det där att det då och då kunde komma folk som man inte kände. De var utombys. Många har beskrivit hur det till exempel kunde gå till uppe i Norrland. Hur man från stugfönstret kunde få se en människa närma sig. Det var långt mellan gårdarna. Vem kunde det här vara? Någon känd, någon främmande, jo så såg det nog ut. Och hur han då kom in och helt tyst slog sig ner på pallen innanför dörren. Hur han teg och husfolket teg medan de tog in varandra med förstulna blickar. Först när man kände sig säker på att den nykomne inte hade ont i sinnet ombads han stiga fram, en kaffekopp sattes fram till främlingen – var så god och doppa! – och man kom småningom i samspråk. Något ärende kröp fram. Faran över.

Det fanns liksom ingen anledning att be grannar och andra att komma in och äta mat vid ens bord, det kunde de ju göra hemma hos sig. Varje hushåll hade nog av sig självt, arbetsamt och kanske påvert, och det kan inte ha känts lockande att släppa in folk som kunde precis få reda på hur man hade det. De andra byborna kunde man stöta på utomhus och kunde prata ifrån sig med, om det var något som måste sägas. Eller om man råkade vara pratlysten.

Kalas, om det var påkallat och i den mån man kunde, var en annan sak, och kaffe kunde man bjuda på med olika omfång av "doppa" för olika tillfällen, grannkvinnan vid köksbordskanten, dopkaffe, kyrkkaffe och det omhuldade och senare förkättrade kafferepet.

På tjugotalet var vi barn förbjudna att gå in hos "främmande människor". Vem visste vad de var för folk? Jag misstänker att det var mamma som stod för denna avståndstagande inställning och jag misstänker också att den kunde härröra från hennes ångermanländska ursprung. Förmodligen fanns en koppling mellan misstron och den dåtida fattigdomen och de båda hade väl i så fall samma utbredning. I mammas barndomsmiljö hade tuberkulosen skördat många, och jag vet att hon livet ut var mycket rädd för smitta, vilket var ytterligare ett skäl till hennes kontakträdsla.

Jämfört med dagens förhållanden var hemmen förr mer slutna, barnen växte upp utan de influenser och utblickar och aktiviteter som nu ses som så självklara och som är så gynnsamma för deras utveckling. Djupast sett tror jag den där slutenheten hade sin rot i behovet av trygghet. Hemmet och bygden, liksom det språk man talade, var förtrogenhet och säkerhet. Det utifrån kommande var otrygghet, rädsla, potentiell fara.

Vi var så länge ett slutet land. De gamla känslorna av att inte våga släppa in någon främmande kan ha präglat oss mer än vi tror.

Det är klart att fulheten, dumheten, råheten, det plumpa och det provokativa har sina förklaringar. Att allt detta negativa kan eftersträvas och framhävas som om det vore något positivt är yttringar av diverse problemspäckade områden i vår tid. Man kan inte bara stå och fördöma.

En gamling kan förstås förfasa sig, men också häpna. Bara inför modeannonserna. Unga vackra människor i osköna ställningar och med ansikten som avspeglar den svartaste leda och avsmak. Säljer det bättre än om modellerna såg spänstiga och vitala ut? Ja, förmodligen. Osäkra ungdomar har alltid eftersträvat det depraverade, trott att det är samma som världsvana.

Ofta tänker jag, ja alltmer ofta, att varför ger man inte mer plats åt skönheten? Den skönhet som finns överallt omkring oss och som alltid är tillgänglig.

Skönhet som stimulans, som tröst, som läkekraft. För en åldring – nej jag får inte generalisera – för många och definitivt för mig själv blir skönheten av allt större betydelse. Utan den kraftkällan vet jag inte om den här sluttampen av livet vore värd att genomleva. Ju mer man tycker att vår värld blir full av hot och skräp och våld och idioti, desto mer behöver man skönheten. Höstens färgprakt i lövmassorna, sol över en snöslänt, en melodislinga eller en molnslinga, en dikt, ett leende, det blå i en älskad människas ögon, stenen jag plockade på stranden. Att sitta och titta ut över sjön som i skymningen är åskblå - därute ligger en segelbåt och tar upp det sista av solens strålar i sina segel, bländande vithet, och luften smakar salt - vad är det annat än att tanka livskraft. Man lyfter.

Beskära frukträd, det är svårt det. Det vet många som har försökt. Hur många tidningsklipp har jag inte saxat genom åren om hur man går till väga, hur många trädgårdsböcker har jag inte sökt ledning i. Nu har jag sett på tv hur man gör, mycket åskådligt. Ett gammalt risigt äppelträd gjordes glesare, ljusare, vackrare, mer livsdugligt. Det kunde se fram mot ett förlängt liv på 30-40 år. Man framhöll att det inte bara är att gå dit och vifta med sekatör och såg. Det rör sig om ett dagsverk för ett proffs. Per träd.

Man börjar med att klättra upp någon liten bit i trädet, man ser sig om inne i kronan och gör upp sin strategi. Sedan är det dags att stå på stege med sekatören och sågen. Bort med alla torra och livlösa grenar. Bort med allt som växer inåt eller gren som växer nära och parallellt med annan gren. Det är bara att hålla på. Det är fara för att man till slut blir liksom vild och obarmhärtig.

Jag tänker på det där härjandet i äppelträdet ibland när jag blir så arg och uppgiven över allt elände. När jag tycker att människan är ett förfärligt kreatur, pedofiler, självmordsbombare, hänsynslösa våldsverkare, vilda horder av rånare och våldtäktsmän. När det värker i mig att så här får det inte vara. Varför kan ingen sätta stopp? Då vill jag bara utrota allt fult och vidrigt, jag vill ge mig på dem allesammans.

När man är maktlös sticker det primitiva upp huvudet, sitt fula tryne som det heter. Jag inser det. Det är bara känslors irrbloss, de falnar. Kvar är maktlösheten och en sorgsenhet över att det kommer att gå åt pipan. Människan är en utrotningshotad art, det har jag David Attenboroughs ord på. Vi kommer att sopas bort allihop, onda och goda, när tiden är inne, eller rättare sagt när den är förverkad.

När jag flyttade in i min lilla stuga ute i skärgården för rätt många år sedan kom min närmaste granne över. Vi kände varann sen gammalt, hade båda anknytning till bygden. Hon hade en korg med sig och i den fullt med plantor som hon tagit från sin egen tomt. "Du kanske kan sätta dom här i den nedrasade gamla muren, dom passar i stenpartier eller sån lite knagglig terräng. Dom är så vackra på våren och försommaren. Dom är blå."

Grannkvinnan är borta sen mer än ett decennium, men varje vår kommer de blå blommorna igen. De sprider sig för vare säsong alltmer över den alltmer övervuxna gamla muren. De är intensivt blå, men lite mildare än blåsippornas blå. De trängs med gullvivorna, en hänförande vacker blandning. Och som det doftar!

En sådan underbar gåva att få. Och att hon gav den! Och att hon lämnade kvar minnet av sin vackra gåva – ja, jag ser henne komma varje vår med sin korg på armen och sin goda blick.

LEKA LAGÅRD

Stackars lilla barn
aldrig lekt med kottar?!

Man måste gå under granar
och leta dom rätta,
dom som just öppnat sig
knastriga och glansiga och lite kåda
i bakändan där svansen satt.
Man tryckte in små stickor
till ben,
ofta gick dom av.
Kunde vara svårt att få dom jämnlånga
så kossan stog.

Händerna kavade samman sand,
tryckte ihop till väggar och bås
och en större spilta för hästen.
Allt hade vi som i bondens lagård.
Små tallkottskalvar i en inhägnad
och stenar fick bli grisar.
Inte inne i lagårn, sa Olle.
Vafför det? sa vi. De e så, sa han.

Så dom fick bo vägg i vägg utanför
fast inne fick fåren vara
och Margits får -
ni skulle sett Margits får -
hon hade nupit av dom i rabatten,
vallmoknoppar, bulliga och håriga,
ljusgröna men väldigt fåriga.

Där stod dom sen. Alla våra djur.
Dom behövde inte göra nåt.
Vi gjorde heller inget mer, det var bra.
Inget konstigt spel, ingen tävlan,
ingen som sköt på dom.
Korna stod bara på sina stickben
och var kor.

Undrar hur många kvinnor, eller män för den delen, här i landet som kan mjölka. Hur många som kliar egen gris på ryggen och hur många som går och plockar varma ägg ur hönors reden. Då menar jag inte alla dem som är sysselsatta i mera omfattande djurindustrianläggningar, jag tänker på dem som har en småskalig, mera personlig kontakt med djuren. Det måste röra sig om en rest av småbruk, de som har fortsatt att kämpa för sin egen existens. Det finns statistik som talar om att småbruk läggs ner så gott som dagligen. Det finns också storebrorsröster som yttrar sådant som ”Många är bönder idag som kanske inte borde vara det” (Naturbruk 20031221). Småbruk verkar sorgligt nog vara en hotad livsform.

Det känns varmt tillfredsställande att ha varit nära bekant med några kor, ett par präktiga svin och lite fjäderfä. Minns speciellt mina försök att mjölka, hur jag försökte göra som kvinnorna på gården där jag var om somrarna, satte pallen intill kon, mig själv på pallen, hinken mellan knäna och hur jag sedan for med trasan över juvret och prövade greppet om spenarna; man skulle både krama och dra, lagom hårt och bestämt, i en och samma rörelse, varvid mjölken skulle gå i en rytmisk stråle ner i hinken så att det sjöng om det. Visst kom några små skvättar strilande, men det ville sig liksom inte för mig. Kosvansen dansade framför ansiktet på mig och måste fösas undan, kossan ville inte stå still. Hon var definitivt inte nöjd med min hantering av hennes mjölkproduktionsapparat. Hon visste hur det skulle vara. Och hon markerade när det inte kändes som det skulle vara.

Gullros var min ko på låtsas. Min brors ko hette Diana. Majros ville ingen ha som sin, för hon var svart i ansiktet och benägen att stångas. Att korna var personligheter var helt klart för alla. Kanske inte med lika stora responsmöjligheter och känslovariationer som hundar och väl också katter, även om dessa inte bryr sig så mycket om vad vi hoppas på av dem, men dock så att man kände att det förelåg ett samspel mellan djur och människa.

I småbruken förr i tiden kunde man känna för den enda kon eller den fåtaliga besättningen djur som för familjemedlemmar. En god vän som brukade segla mycket i åländska skärgården kom en gång till en av de större öarna, om det var Björkö eller Kumlinge, där han inte slagit till på några år, men där han tidigare gjort täta besök och blivit vän med familjen i den lilla gården med bryggorna. Det bjöds på kaffe och pratades. Sen sist hade familjen avvecklat det mesta av sitt jordbruk och gjort sig av med djuren. De orkade inte med det hela längre och det var de uppenbart ledsna för. Kvinnan tog fram fotoalbumet för att visa bilder från familjens mera blomstrande dagar. Första sidan: ”Det här är Stjärna, hon var ju så otroligt snäll. Och här” – nästa sida – ”är Sippan, vilken mjölkko, ja hon var enastående.” Kor och åter kor som stått dem nära under något tjugotal år. Sist i albumet var några bilder av huset, ladugården och ende sonen i nu nämnd ordning.

Andra vänner har vittnat om att man kan ha en ömsesidig känslorelation med marsvin – att dessa kurrar av välbehag när man har dem kärvänligt mot kroppen och skriker av ilska när man vill avbryta umgänget med dem och sätta ned dem i buren igen. Ja, det troliga är väl att vi kan samspela med alla varmblodiga djur i någon utsträckning.

I sysslolösa kvällar med dåliga program i SVT brukar jag zappa mig till någon animalisk kanal. Insekter, hajar och krokodiler är ganska vanliga i programmen och upprepar, som jag tycker ganska enahanda, sina register, eller om det är fotografens, dyksimmarens eller krokodilutmanarens register. Men chimpanser! Och orangutanger! Även gorillor! Dessa våra närmaste kusiner kan jag inte få nog av. Med sina varierade beteenden och sina omsorger om varandra framstår de som nästan kopior av homo sapiens. Vetenskapen har ju också spikat uppgiften att vi delar 98,5 procent av vårt DNA med dem. Den en och en halva procenten som vi är ensamma om står alltså för en enorm och signifikativ skillnad: språket och vår reflexionsförmåga, minnet, planeringen, den konstruktiva fantasin och lite annat till vår fördel, men med tanke på det hemska tillstånd som vi har försatt hela det globala samhället i kan man ju tycka att människan spelat bort sin överhöghet bland djuren. Det är både lindring och förnöjelse att betrakta aporna, deras minspel och gester som så direkt avspeglar deras känslomässiga reaktioner och relationer. Orangutangbabyn Gordons tillitsfulla min och långa armar som så ömt omfamnar vårdaren. Chimpansen Charlies uppgivenhet och hjälpsökande blickar när han skadat sin hand. Förvisso också revirstrider och handgriplig rivalitet, men i ett så begränsat format. Nu på gamla dar känns det som om ett så där lagom småskaligt samhällsliv vore, om inte det enda rätta, så det enda man egentligen orkar med.

Att djur känner och att de känner igen och att de överhuvudtaget är kännande varelser är det inget snack om. Men hur ska man då förstå att somliga av oss kan hantera dem så illa, speciellt i samband med de långa transporterna till slakthusen, under vilka de får stå och vingla utan vila och ofta utan vatten oacceptabelt länge. Betraktar dessa djurskötare, eller ska man kalla dem transportarbetare, djuren som en känslolös massa, som blott och bart ett råmaterial till livsmedel, eller vad är det som gör att de inte uppfattar dem som levande och kännande?

Gud bevare hönsen som gråter av
förtvivlan och hackar sönder varann
i djurfabrikernas koncentrationsläger.
Gud bevare gåslevergåsen
Gud bevare cirkusbjörnen
Gud bevare grisarna på väg till slakt
Stela av skräck hoppackade
På lastbilsflaket.

Så utropar Helga Henschen i sin bok *kvinna, konstnär, alltid rebella,* 1996 och vem håller inte med.

Att det blivit som det är med djurhanteringen kan vi nog ställa både Mammon och Aristoteles till svars för. På våra breddgrader är det förstås Mammon som är den skyldige, det är vinstmaximering som gäller och i den stressade stordriften har känslan för djurens individualitet gått förlorad. Aristoteles får stå för det kallsinne man i söderns länder ofta visar djuren. Hans tes var – när det gällde att fastställa om djuren hade själ eller inte – att de var någon sorts levande mekanismer, utan själ, och att de därför inte kände som vi och därför inte behövde tas speciell hänsyn till. Därmed fritt fram för sparkar och slag.

(Självfallet finns undantag. Mitt finaste exempel är från den toskanska landsbygden, där jag en gång var ute på en stilla promenad och kom förbi en synnerligen enkel koja som visade sig vara en svinstia. Två feta grisar låg halvvägs ute ur kojan med sina trynen mot solen. De var tryckta mot varandra och sov djupt. Just då kom bondmoran förbi och jag letade hastigt igenom mitt klena italienska ordförråd och fick fram något om att ... vilka fina feta grisar. Hon lade huvudet på sned och betraktade kärleksfullt sina två svin. ”Ja, se så skönt dom sover.” Ingen tvekan om att de var hennes nära vänner.)

Rätt många människor har i vår tid blivit vegetarianer för att de känner sig så plågade av medmänniskors sätt att behandla de djur som ska omvandlas till födoämen. Avskyn de känner inför den grymma hanteringen av djuren och deras uppenbara lidanden följer med in i livsmedelsbutiken och gör det motbjudande att välja bland kotletter och utskuren biff i charkdisken. Min egen köttkonsumtion har liksom av sig själv trappats ner till någon enstaka köttbit. (Och så falukorv förstås, vårt svenskaste favoritkäk, trots att korv sen gammalt är känd för att kunna ha obskyrt innehåll.) Andra väljer bort kött av etiska skäl: vi bör i egenskap av djur inte äta våra meddjur, eftersom dessa ses som likvärdiga med oss.

Frågan om vi kan äta våra respekterade vänner djuren är egentligen besvarad. Vi har redan gjort det för vår överlevnad i årtusenden, så länge människan har kunnat spåras genom bondesamhället och jägarkulturen och dessförinnan. Och djuraktivisterna kan säga vad de vill, men tänderna som naturen utrustat oss med är allätares tänder, precis som grisens, och i den långa kedjan av arter som äter varandra enligt naturens ordning är vi den sista länken. Det finns naturligtvis rovdjur som gärna skulle konsumera oss men det är en annan historia.

Det finns de som säger att om du äter kött så ska du också kunna döda djuret i fråga. En vän berättade från sina nordliga trakter att barnen brukade få vara med när grisen skållades och att de även fick hjälpa till att skrapa dess hud ren från smuts och borst med det vassa locket från en konservburk. Men det var förstås bra länge sen. Jag vet också en småbrukare som låter sina barn – i nutid – vara med om själva slakten; de får som lagom insats skära öronen av det döda djuret. Detta för att barnen ska bli införstådda med alla handlingar som måste till för att förvandla djuren till mat.

Hur många av oss skulle idag fortsätta att äta kött om vi vore tvungna att delta i slakten? Utvecklingen har fjärmat större delen av befolkningen från djurhållning och allt vad sådan innebär. Vi vill se kliniskt rena och prydliga produkter med etiketter som försäkrar oss om att de kan slukas riskfritt.

Var det indianerna som inför slakten bad djuret om förlåtelse för att de måste ta livet av det? Som en akt av tacksamhet och respekt. Något av samma inställning har Karen Blixen vittnat om i beskrivningen av den oerhörda, grandiosa och upplyftande känslan som behärskade henne när hon stod inför att nedlägga ett lejon. Hon erkände djungelns konung som sin jämlike och hade därför en känsla av att det var ”fair” att skjuta djuret. Lite andra förtecken har respekten för djuret här då dödandet var ett inslag i baronessans nöjesjakt och inte som för indianerna gällde livsuppehållandet.

Socialstyrelsens storebroderliga påbud om sex till åtta brödskivor om dagen fick de äta upp. Lika löjeväckande var en annan rekommendation som kom någon annanstans ifrån; kanske var den resultatet av någon forskningsstudie som redovisades i pressen, jag minns inte. Den hävdade att varje människa har behov av minst fem beröringar dagligen.

Vi borde alla se till att vara mer generösa med beröringar.

Men om man bortser från det angivna antalet "minst fem" så kanske det inte är så löjligt utan en stor sanning detta att vi alla har behov av att bli fysiskt berörda. Ju mer jag tänker på det, desto mer tycker jag det stämmer med den psykologiska kunskap vi har och all den samlade erfarenhet vi omfattar. Nyare forskning visar dessutom att det vid beröring frisätts ett ämne som heter oxytocin, vilket hos den berörda medför en mer eller mindre stark känsla av kroppsligt och mentalt välbefinnande.

Man behöver förstås inte ha den minsta aning om oxytocin för att veta med sig att så är det. Man kan tänka sig en skala från kärleksakt och amning till en liten lätt klapp på handen, eller att någon bara skämtsamt petar en i magen. Begreppet "hålla handen" är sinnebilden för trygghet och tillit. I familjelivet, i kamratkretsen och förstås inom vården lever vi i en atmosfär av beröringar. Någon går förbi bakom din stol och släpar vänligt sin hand över dina axlar. En sköterska håller din hand medan doktorn utsätter dig för något nödvändigt obehag. Vi kramas och vi pussas. Apoteksbiträdet lägger handen på gamlingens arm medan hon förklarar högkostnadsnivåerna. Lite vanlig vänlig mänsklig värmeöverföring.

Och tänk på healing. En stark och trygg personlighet som genom handpåläggning – om ens direkt beröring – kan suggerera patienten till en upplevelse av lindring. (Eller kanske det är mer komplicerat än så?)

Det mesta av allt detta naturliga berörande upphör när man blir ensam.

Den som bor ”själv” och inte har någon omkring sig som tillför ett rekommenderat minimum av touch får alltså inte uppleva oxytocinets välsignelse, ej heller erfara lyckan att ingå med egna beröringar i en gemenskap.

Ensamheten släpar på denna avsaknad, denna saknad.

Jag försökte framföra de här tankarna till min väninna Ingegerd. I stället för att hålla med mig sa hon :”Nej, jag känner inte igen det där behovet. Jag har haft mitt. Det är bra som det är.”

Jag svalde min snopenhet men tänkte: Det är nog så som hon säger. Hon behöver ingen mer beröring, hon har fått tillräckligt med kärlek och bekräftelse. Men alla vi andra, vi som har ett outsinligt behov av att få ge och ta emot värme, stöd, bekräftelse....

På en del äldreboenden är man helt klar över det här med oxytocinet och att det också frisätts genom beröring av djur. Pets. Kramdjur. Man skulle gärna låta de gamla ha katt eller hund, om det inte vore så extra skötselkrävande och därtill hos somliga allergiframkallande. På ett ställe har man emellertid vågat träda fram med en ny policy: man tar enbart emot gamlingar som medför ett närstående husdjur! Personalen åtar sig all skötsel! På andra håll tillhandahåller man tygkatter med någon invärtes uppvärmningsanordning. Bild har visats på gamlingar som förnöjt sitter och stryker en icke-kurrande men kroppsvarm katt. Det är inte ett dugg löjligt. Gamlingen får sin sköna känsla, kanske med extra värmetillsats genom associationer till mängder av tidigare upplevda och livslevande katter.

Jag kan berätta om Dulle. Eller om han nu hette Nutte eller Dudde. Han blev funnen i ett skoaffärsfönster. Där satt en jätteplyschhund med de mest uppseendeväckande ögon. Med sänkt huvud tittade han rakt upp med ett uttryck av skuldmedvetenhet – vad har han just gjort för bus? – eller är det förebråelse? – man vill bara störta fram och hålla för de där ögonen och säga att det var inte ditt fel, jag älskar dig, du måste tro mig. Den jättelika hunden hade kring sig flera stycken likadana fast små, ganska små. En av dem köpte min kompis Eva.

Inte nog med att Dulle ser underfundig och kul ut, man kan ha honom i händerna när man sitter och ser på tv. Eva har det, och hon tycker att han är skön att klappa på och till och med att pussa på, särskilt när hon sett in i de där vädjande ögonen.

Jag är inte säker på att hon inte lägger honom också när tv-tittandet är slut för kvällen. Hon lägger honom på soffkudden och bäddar omkring honom med pläden som hon haft över knäna, och hon talar till honom som hon en gång för länge sedan talade till sina barn: Såja, sova gott nu, nattinatti.

Inte fnysa. Inte fnissa. Le lite vänligt.

”Livet är en fest och vi ska alla ta för oss av det så mycket vi kan!” proklamerade den amerikanske författaren Norman Mailer i en intervju i anslutning till hans frånfälle. Han var i sena åldern en glittrande och fascinerande person, det verkade helt klart att han haft möjligheter att berika sig av livets goda.

Livet är snarare en hinderlöpning har jag ibland tänkt, ständigt dyker nya uppgifter och problem upp som man måste klara av innan man kan gå vidare.

Icke, har min yngsta invänt mot mig: Livet är en forsränning, det är häftigt, det är omtumlande, man dras med och man måste vara påpasslig – det är härligt!

Livet är ett äventyr, sa en god vän. Hela tiden nya saker att upptäcka, alltid något nytt bakom kröken. Det är en himla lycka.

Om sommarkvällarna brukade min pappa sitta på balkongen och klia hunden på jakt efter fästingar, samtidigt som han såg ut över sjön. Han gladde sig åt den mängd gäddyngel han hade satt ut och som skulle garantera en god fiskelycka under resten av sommaren. Fjärden låg lugn, sjöfågeln höll till längre ut bland skären, och han tyckte att något i den vackra utsikten saknades. En svan!

Svanar fanns inte i skärgården på 1920-talet, de var exotiska fåglar, något av en ädelhetens symbol. En sådan tänkte pappa skulle pryda vår lantliga vik. Pappa inhandlade en svan, den kom i en kartong som vi hämtade vid båten. Tyvärr var fågeln i fula-ankunge-stadiet, så det blev just inte någon ståtlig syn när pappa sjösatt svanen och den började en lite vacklande färd över vågorna. Den gjorde några slag hit och dit, tog sig sen i land och lade sig i strandgräset. Nästa morgon var den död och vi barn begravde den under högtidliga former där vi brukade jorda förolyckade småfåglar.

Pappas svanlycka blev kort, min pågår varje sommar. Skärgården är numera pepprad med svanar och där jag bor finns alltid några par vid sina speciella skär. Inte bara att vi får följa deras familjebildning, ängsligt räknande ungarnas antal var gång de paraderar förbi; minken är svår och truten kan passa på att hugga en i raden. Vi får njuta av deras skönhet i alla dess former. Den mjuka stramheten, vingföringen a la bruten servett och den otroliga bländvitheten mot åskblått vatten.

Många av mina vardagslyckor är förknippade med djur, speciellt fåglar (svalornas pilande högt i det blå!) men också citronfjärilar, trollsländor och diverse skalbaggar, som den där lilla rackarn jag en morgon fann på bron: prydliga benpar och de sirligaste långa antenner, och på den lite skvära ryggskölden sex (eller var det åtta) illgula parvis satta prickar. Ett ojämförligt smycke!

Somliga av oss är ännu medvetna om den tid då människor upplevde sällsynt lycka genom att få äta sig mätta eller av att ha tillräcklig vedbrand för vintern, samtidigt som numera diskussioner blossar upp lite då och då om lyckan över huvud taget existerar. Vad utgörs den av egentligen? Somliga skriver ner den till tillfredsställelse, andra avfärdar den som myt eller romantiskt önsketänkande.

Säkert har vi olika mottaglighet för lycka. Är man inte inställd på att den finns kan den bli svår att upptäcka. Den som är upptagen med att hålla liv i alla sina oförrätter till exempel vänder förstås ryggen åt lycka, och lyckan springer inte efter och knackar honom/henne på axeln.

Men visst har vi alla möjligheter att känna dessa starka moment av ren lycka som infinner sig när en smärta äntligen upphör, när en glad förväntan infrias på allra bästa sätt eller när man har lyckats med något som man knappast trodde sig klara av. Själv har jag flera gånger legat på operation och ängsligt frågat någon vitklädd när ingreppet ska börja – och fått svaret: Men det är ju redan gjort. Lättnaden man känner när man så rullas iväg till avdelningen vill åtminstone jag kalla lycka.

I den här fasen av livet kan jag få uppleva en ny sorts lycka som kommer smygande lite då och då. Den kan glimma till helt oväntat, men klart som en insikt. Jag kan drabbas av den när jag sitter vid trädgårdsbordet med min dotter och rensar lingon. Att vi ännu en gång, ytterligare en sensommar, faktiskt sitter där i solen och småpratar och plockar och nyper och häller upp i mått och bunkar av skogens röda guld. Handplockat vartenda bär, fast inte av mig. Sista gången jag var med och plockade låg jag raklång över tuvorna och försökte nå omkring mig. Numera har ryggen sagt ifrån för gott.

Eller det kan hända någon helt vanlig dag när jag står vi diskbänken och sysslar med något att jag plötsligt blir medveten om en känsla av stor harmoni. Men så skönt! Just här och nu. En klarhet, en uppskattning. Jag har inte ont någonstans, jag är inte oroad för något, jag befinner mig där jag vill vara. Det är så bra som det överhuvudtaget kan vara i min lilla värld. Det är en utsökt känsla, att bara tacksamt vila i.

Så finns det en lycka som är så stor att man bara gråter. Många har erfarit den. Och de vet hur svindlande nära den gränsar till namnlös sorg. Det är när någon av ens kära har gått bort sig, försvunnit, oförklarligt blivit borta - och efter en evighetstid av bävan och förtvivlan blir återfunnen.

I mitt minne är det mina tre små barn som leker utanför en liten sommarstuga medan jag är sysselsatt där inne med att byta på den lilla minsta. När jag har lagt babyn och kommer ut är de tre utom synhåll. Jag ropar. Ingen svarar. Ingen kommer. Och jag börjar leta. Jag springer utefter stranden, jag tränger genom snår, jag skriker mig hes. Naturen står tyst och stum. Inom mig växer paniken. Det går inte att beskriva. När jag kommer rusande tillbaka till planen framför stugan efter kanske tio minuter, upphetsad till den värsta graden av ängslan och förtvivlan, ser jag något röra sig bland buskarna mitt emot. Fram kommer en liten trio, pojken i mitten håller systrarna i handen, de är alla välbehållna och glada och kommer emot mig som om inte minsta skugga passerat. Titta mamma, vi har plockat blommor!

VINTERSKYMNING

Rå vinterskymning, ändå mild,
pärlemorgrå.
Tycker du inte att du hör dina gamla skridskor
klirra, dom där med remmar och vevskruv,
när du går från Stadion
på stumma fötter
andedräkten en vit rök
kinderna rödbitna,
lite snorig,
på väg hem i det enkla varats trygghet
innan livet slagit upp sina portar.

Mina fotsulor har blivit så tunna. Och platta. De känner av marken jag går på. Känner av i två betydelser: de ömmar och de utforskar.

Bäst gillar de skogsstigar som underlag. De formar sig steg för steg efter markens ojämnheter. En sten tvingar upp foten och hälsenan sträcks, ett kliv över granrötter och tårna pekar nedåt och utför en liten avspark i gympaskorna. Det är nyttigt det.

På asfalt är det inte lika roligt, och inte ett dugg nyttigt. Men utmed parkvägens asfaltbana ligger strängar av barr och löv (och glasspinnepinnar och godispapper) och där kan man promenera ganska mjukt. Ännu mjukare kan det plötsligt bli om någon underlåtit att plocka upp efter sin hund.

På gamla dar har jag fått en så genuin tillgivenhet för vissa prylar, inte minst mina präktiga och ganska snygga vinterkängor. Även för mina (som man sa förr) rejäla promenadskor. Bådadera kommer att hålla mig ut. Båda låter mig gå ytterst komfortabelt med viss fjädring mot asfalt och gatsten tack vare skönt uppbyggd sula. Dessutom höjer de mig över blötan och suger fast i de slipprigaste backar med sina kraftigt utskurna traktordäck.

Jag vill gärna som Werner Aspenström ”frambära min hyllning till fotsulan, den nedåtvända själen, konsten att stanna och att äga tyngd”, men jag vill likaledes betyga ovanstående skodon min varma uppskattning. Visst är det ett plus i tillvaron att kunna glädja sig åt sina kängor.

Kanske står denna uppskattning i direkt proportion till alla de stela och buckliga pjäxor jag under barndomen fick ärva efter fem äldre syskon och gå och trampa i vinter efter vinter. Min yngre syster var så mycket yngre att både pjäxorna och kläderna bedömdes uttjänta när hon hade vuxit i dem, de slängdes och hon fick allting nytt.

De stela pjäxorna var helt oeftergivliga, men jag minns inte att det gjordes någon större affär av alla skavsår och hårda knölar. De liksom hörde till. Det var bara när stortån hotade att växa ut genom tåhättan som man fick slippa ett par och kvalificera för nästa.

Jag minns dem som ständigt våta. Och det kanske rentav var önskvärt för då blev de möjligen lite mjukare i skinnet. Ett bra ställe att blöta dem på var dammen på Karlaplan. Man sa damm, pool var inte uppfunnet. Flygmonumentet var rest och invigt med viss pompa, sen vände man det ryggen, det var dammen som gällde flera år i sträck. Förmodligen mellan ens elva och tretton år. Början på 30-talet bör det ha varit. Den isbelagda dammen kunde man halka omkring på, men bäst var det när isen hade börjat krackelera. Då kunde man jumpa och det blev därvid oundvikligt att ena eller andra eller båda fötterna kom i vattnet. Jag jumpade i sidled utefter kanten, vilket jag ser som ett tidigt bevis på bristande mod. Andra flickor jumpade glatt tvärs över dammen och släpade stundom halva kroppen genom iskallt vatten. Att de vågade. Jag tänker inte på att de vågade utsätta sig för att plurra. Jag tänker på hur det kan ha varit när de kom hem och stod och rann av i tamburen. Och vad mamman sa då.

Det var en av de första böckerna jag läste, så det måste ha varit i mitten på tjugotalet. Jag läste den om och om igen, berättelsen om två små systrar och vad de hade för sig i familjens hägn. Deras vardag, ingenting upphetsande. Varför den boken på sista tiden har dykt upp igen i mitt medvetande anar jag inte, men det har den gjort, och det är speciellt en bild, och kanske en till förresten, som kommer fram för mina inre ögon.

Flickungarna sitter uppflugna i en djup fönsternisch och tittar ut på gatan. Det är gråväder och skymningen faller, just ingenting att se. Men den lilla mörklockiga Vanda till vänster står på knä med händerna mot fönstret och ansiktet tryckt mot glaset. Greta, som har långa flätor, sitter till höger med ett ben uppdraget under sig och lutar sig fram för att också hon se ut. Det verkar inte finnas någonting särskilt därute. De bara stirrar ut i mörkret som blir allt tätare. Ingenting händer.

Visst satt man ibland så där, alla ungar gör det, man såg och tog in, och klockan tickade och mätte en tid som var djup och oändlig, till synes händelselös. I ens hjärna försiggick dock ett stillsamt besinnande, ett och annat observerades och blev till kunskap. Till exempel hur skönt att vara inne när det var mörkt och kulet ute. Trygghet. Och vilken skillnad i klangen när kyrkklockorna slog kvartarna och när de slog hel timme: ding ding ding ding, dång dång dång, klockan är tre. Och detta att småsystrar är runda och storasystrar är avlånga. Vanda var en liten rulta och Greta var lång och smal, även flätorna långa. Det stämde också på mig, som var liten och knubbig, och min syster som var flera huvuden högre och hade likadana flätor som Greta.

Ett par sidor längre fram i boken hände något. Förmodligen

det som flickorna väntat på. In från vänster på den folktomma gatan kom lyktgubben lunkande med sin långa stång. Han stannade alldeles nedanför dem vid den första gatlyktan, lyfte upp stången mot lyktans huvud och fick den att peta upp en liten dörr. Varde ljus! Det blev plötsligt en ljusring runt lyktan och en liten bit av världen blev synlig runt ikring. Gubben fiskade ner sin stång och gled sakta vidare in i skymningen, på nästa sida hade han säkert tänt nästa lykta och nästa.

Där jag då bodde på Söder vid Katarina kyrka kunde man se denna lilla transformationsceremoni utspela sig i höstens skumrask. Man såg människor uppenbara sig i lyktljuset när de sneddade över kyrkogården på väg hem. Man såg de gamla gravarna med sina snirkliga järnstaket träda fram. Därunder fanns de döda, hu. Ibland fick man se konstiga typer som det gärna fnissades åt. Kalle vänster var en, han strök utmed de låga husen mitt emot oss, plommonstop hade han, vanligt på gubbar då. Och han höll huvudet envist skruvat åt vänster som om han spejade in i alla fönster han passerade. Trasfröken skymtade också någon gång, fast jag tror Söder inte var hennes egentliga revir. Ja, där strök förbi både figurer och hundar som man inte skulle våga möta.

Mellan lyktorna stod mörkret tätt och mystiskt. ”Jag är mörkrädd” hörde man så ofta på den tiden, säkert inte bara i min begränsade barnavärld. Nog verkar det som om den allmänna mörkrädslan försvann i takt med att elektrifieringen spred sig. Vi trycker på en knapp, ljuset flödar ut och dräper alla monster och spöken.

När jag låg i min säng och väntade på John Blund och det var släckt och kolsvart i barnkammaren, kunde plötsligt ett skarpt ljusskén flamma upp på väggen, ett darrande och mönstrat ljus.

Det liksom sprang fram en bit och slocknade sedan lite hackigt. När fattade jag till slut att det rörde sig om bilar som körde uppför gatan därute långt nedanför och kastade sina ljuskäglor upp över husfasaderna? Det enda jag var medveten om då och kände in i märgen var skräcken, som var absolut vettlös och som tvingade mig ned under täcker för att inte se det där obegripligt hemska.

Livet snurrar så fort numera. Man ser sällan barn sitta och glo. De tycks leva i ett system av planerade aktiviteter. Det finns ingen tid att försjunka i eftersinnande väntan.

Men nog har vi väl kvar vårt behov av lyktgubbar?

Söndagsstämning fanns. Enstaka bilar kunde stånka uppför vår gata men annars var det tyst. Om vårarna hördes bara sparvarnas nonstoptjatter i buskarna på kyrkogården kring Hedvig Eleonora och grusets knastrande under sulorna på dem som sakteliga traskade utmed gångarna.

Man hade söndagskläder, jag tror det var ganska allmänt. Förmodligen direkt övertaget från bondesamhället. Självklart kunde man inte ha sina solkiga arbetskläder på söndagen, man måste till och med tvätta sig innan man iförde sig de rena söndagskläderna för att gå till kyrkan. Eller för att inte smutsa ned dynan på kökssoffan.

Min syster och jag hade söndagsklänning. I minnet är den alltid rutig. Den skulle helst inte spillas på. Det var förresten en allmän regel: att vara rädd om kläderna. Tvättmaskiner fanns givetvis inte, man tvättade i ho och det gällde att hålla nere mängden tvätt.

I en prydlig rad gick vi syskon med varsin femtioöring i handen över Östermalmstorg och en bit ner på Humlegårdsgatan till Linnébiografen. (Föräldrarna köpte sig några timmars söndagsfrid.) Storebror var anförtrodd några extra femöringar till att köpa oss varsin jättelik kola. Den smarriga kuben kändes kantig i munnen och räckte minst en halvtimme. Andra ungar som inte var upptagna av kola hojtade och busvisslade och kastade papperstussar. Det fanns glin som vågade klättra över bänkarna. Men när Douglas Fairbanks visade sig i rutan satt alla på plats och det blev tvärtyst.

Motion och friluftsliv var ännu inte uppfunna. Söndagsaktiviteten par préférence var söndagslunchen. En del måste ligga på soffan efteråt. Smälta smörgåsbord med småvarmt, huvudrätt med ”legymer”, kaffe och kaka.

Idag finns söndagsöppet.

Barndomen på tjugotalet ligger i ett blackt ljus, som vårsolens tunna sken över kykogårdens sandgångar där jag hoppade rep och hage.

Allting var också så glest. Inte mycket hände.

Då och då frustade en bil förbi vår port. Vi var två frön som stod och följde ett sådant udda fordon med blicken, det kan inte ha gått fort, och som av en händelse kände vi båda samtidigt att vi hade fickan full med apelsinskal. Dem kastade vi på bilen. Vi blev ytterst förvånade när bilen i detsamma stannade, mitt i backen, och jag tänkte att den ska väl in i garaget här då. Men ut kom en arg farbror och tog mig och kompisen i örat och ledde oss in på gården där han skakade oss eftertryckligt och sa att han skulle tala med våra pappor för han visste vad vi hette. Sen gick han ut och satte sig i bilen igen och fortsatte sin färd. Och vi som aldrig kunde tänka oss att vuxna kunde ljuga, vi gick i ångest flera dar framåt. Men inget hände.

I korsningen Sturegatan–Humlegårdsgatan stod vissa tider en polis och sorterade upp bilarna i olika riktningar med sin stora vita behandskade handflata. En gång stod min pappa just där mitt i gatukorsningen och pratade i godan ro med en annan farbror. Jag, kanske fem år, stod tålmodigt väntande vid pappas ben tills han plötsligt ryckte iväg med mig till närmaste trottoar för att en bil helt oväntat kom farande.

Bilarna skulle tuta varnande vid varje gatukorsning. Enda gången man lade märke till att en sådan kakofoni pågick, var när Vaxholm tvåan forsade in mot stan den 25 augusti – sommarlovet slut - och närmade sig kajen vid Grand Hôtel. Ens oförvillade öron uppfattade den häftiga kontrasten mellan tystnaden ute i skärgården och allt detta skräniga tutande. Själva tutan satt stor och synlig till vänster om ratten: en stor svart gummiblåsa på en metalltratt. Kul att trycka på.

Vi kände en tant som brukade ta ”omnibussen”. Vi tyckte det lät mycket världsvant. Hos henne upplevde vi livets första apelsin. Den bjöds på assiett med genombrutet brätte och blekt målade plommon och persikor mitt på och den skalades nästan rituellt med fruktkniv. Det var exotiskt.

I min barndomsvärld känns det som om det var glest mellan människor också fast vi var många i familjen. Småborgerligheten kanske inte hade så ivrigt umgänge. Enstaka släktingar kunde titta in. Farbror Anton till exempel som var maskinist på en båt och hade varit runt omkring i hela världen. Någon gång vart annat år eller så lade hans båt till vid Frihamnen. Vi fick komma ombord och bjöds på bananlikör och fick se att det fanns kackerlackor bakom tavelramen och i handfatet. Farbror Anton följde sen med hem och åt middag. Han hade mycket att berätta. Han satt i en karmstol och min pappa mitt emot, båda med armbågarna på knäna. Farbror Anton berättade i timtal och pappa lyssnade. Det var före tevens tid och glest med underhållning.

Om söndagarna låg gatorna nästan tomma. Flanörers steg ekade mot stenläggningen. Här och var i gathörnen neråt stan stod enstaka manspersoner med händerna i byxfickorna, bara stod. Mamma sa att dom nog var från landet och inte hade någonting att göra. Bodde inneboende och gick ut på urgammalt lantmannavis och tittade på vädret.

Kamrater kom inte hem så ofta. Mamma var rädd för smitta. Fyra eller fem i hennes familj hade dött i tbc och polion drabbade hårt. Man fick inte gå i lövhögar.

I gymnasiet hade vi enstaka nära vänner. På vintrarna gick vi ibland på föreläsningar i bildande ämnen på Borgarskolan, bio förstås också. Det fanns biljetter för en och tio, men vi brukade ta för två och tjugo och sitta bättre.

På våren promenerade man med bästisen en sväng och drack te på Kjellssons där många studerande häckade, eller på mjölkbaren vid Birger Jarlsgatan där kadetterna från Skeppsholmen gick förbi, eller rentav ute på Källhagen som då var en enda högdragen rödmålad huskropp, ganska ensligt belägen framom Sjöhistoriska museet som ännu inte fanns. Det var en trånande tid. Glest på alla sätt.

Glest med kramar också. Man kysstes inte i familjen. Föräldrarna var "behärskade". Pappa kunde man pussa i nacken när han satt och la patiens och då myste han lätt brummande. Senare gavs man en behärskad kyss inför längre utlandsvistelse.

Första gången jag upplevde Djurgården var jag kanske tolv och familjen hade åkt för att hälsa på en familj som bodde därute. Minns hur hänförd jag blev när jag steg ur bilen: överallt under de höga parkträden, överallt så långt man såg var marken täckt av vitsippor. Det var en överväldigande syn för ett stadsbarn. Jaså, sånt hade naturen för sig utanför vår hank och stör. Fast egentligen var det ju bara på några kilometers håll från där vi bodde.

Naturen var förresten också gles. Öppna hagar, ingen förbuskning, inget sly. Alla vikar var som vår badvik, ren fin botten och inte ett vasstrå.

Nu är det förstås svårt att veta om all den här glesheten berodde på barnets intensiva nuupplevelser som inte hade någon erfarenhetsbank att "relatera" till. Ett glest pärlband av solitärer. Men jag undrar jag. Att bilismen var i sin linda, det vet vi ju.

Och hur det var med naturen har jag kunnat se på gamla foton.

Minns att det var oerhört glest med julklappar också jämfört med nutidens överflöd. Underbart att få en ask kritor av faster, ett par nya vantar och kanske en liten minispis till dockskåpet. Mycket av det som syskonen gav varandra var hemgjort, penntorkare till exempel av små runda flanellappar. Vi skrev ju med bläck och stålpennorna sprätte och satte plumpar. (I våra tonår började en ny era med reservoarpennor som i våra händer kunde göra ännu större plumpar.)

Visst fanns det rörligare och roligare miljöer, det är självklart, men jag tror att den tiden överlag måste ses som relativt händelselös om man jämför med vår. Det kanske många gånger upplevdes av barn och unga som långtråkigt, men samtidigt innebär det att vi växte upp i ett lugn som inte längre finns. Det fanns massor av tid att bara stå och titta.

SAKTA MAK

Denna ultrarapida fas jag lever i.
Detta lunkande fram och tillbaka.
Var är mina glasögon…var la jag nycklarna…
vad höll jag på med… hela livet.
Sakta filande utmed diskbänken,
ta fram, ställa ner, lyfta upp, sätta in, torka av
– koreografi för gamla.

Trodde man skulle bli avklarnad och mild med åren.
Jag blir bara mer och mer upprorisk.
Upprorisk mot förtryck, våld, orättvisor mot sådana som inte kan försvara sig.
Gamla, barn, djur, de utslagna i samhället.
INTE blir man avtrubbad med åren. Bara känsligare, blödigare.

Så skriver Helga Henschen i sin rebelliska bok från 1996. Och jag håller med. Jag trodde också att åldrandet skulle medföra vissa vinster, gåvor som skulle falla i mitt knä. En del fick jag kanske, men var är dom nu? Jag trodde till exempel att man fick om inte en bättre överblick så åtminstone en vidare vy ju längre man levde. Ungefär som att gå upp på ett högt berg och låta blicken svepa över den omgivande geografin.

Nu tror jag inte längre att det fungerar så. Undantagandes kanske mitt privata liv, där jag med åren har förstått en hel del sammanhang som tidigare var fördolda för mig. Men när det gäller samhällslivet och världens gång tycks jag se och förstå allt sämre. Jag hade inte räknat med att det kunde vara dimmigt däruppe på bergstoppen eller att mörkret kunde falla. Inte heller med att omvärlden hela tiden växer i komplexitet och komplicitet.

Att åldras är att växa, har det sagts. Man har svårt att tro det när man ser på sig själv och andra åttioplussare. Att åldras är för oss alla som ingår i naturen att mogna och småningom vissna. Inte mycket att göra, eftersom det handlar om fysiologiska och psykiska fakta som har generell giltighet, med lite individuell variation förstås. Kanske den svåraste läxan av alla: att ta emot sitt åldrande.

I begreppet mognad finns inslag av försoning och avklarning. Psykologen Björn Wrangsjö beskriver mognadsprocessen i sin bok *Mötas och växa* som ett ständigt pågående inre arbete i riktning mot integration och ”vackra inre gestalter”. Det innebär att innehållet i vårt förflutna, vår erfarenhetsbank, hela tiden revideras vartefter nya upplevelser tillkommer. En smygande transformation, ett ständigt berikande. Vi mognar långsamt som frukter. På något sätt trösterikt att vi fungerar så.

Det är belagt att vi människor blir fysiskt mer okänsliga med åren, men sannerligen inte psykiskt. Det är nog som Helga skriver att vi blir både känsligare och blödigare. Kanske sker det i takt med att vår vanmakt växer. Vi bär vår egen skörhet och sårbarhet försiktigt som fyllda skålar.

Inte så att det dagligen och stundligen förmörkar tillvaron, men nog finns det en grundton av dov förtvivlan över att världen är som den är. Om någonsin den äldsta generationen haft anledning att oroa sig för hur det ska gå för deras efterkommande så är det nu. Hoten bara växer: den nu konstaterade klimatförsämringen, den till synes ohejdbara naturförstörelsen, vår berömda välfärd allt njuggare. Det mest närgånget skrämmande är våldet, förstorat till terror, förstorat till krig. Så många som drabbas, individer, grupper, befolkningar. Och när man som mest tycker att man borde fortsätta att finnas till för att skydda sina kära, så är det dags att lämna dem. Som om man kunde något. Vanmakt är ordet.

Klimatkrisen har bara börjat. Sextiotalets så kallade domedagsprofeter och deras varningar verkar ha fallit i total glömska. Ingen kan längre drömma om att biokemiprofessorn Gösta Ehrensvärds vision för en bättre framtid skulle kunna omsättas i verklighet. Han såg framför sig ett levbart och hållbart globalt samhälle med en befolkning på max tre miljarder människor och en levnadsstandard som höll sig på nivån glödlampa, cykel och blyertspenna. På den nivån skulle vi kunna leva utan miljökatastrofer i sekler och åter sekler. Ack så passé ur it-älderns perspektiv, så totalt förkastat av västvärldens konsumtionssamhälle! Jag minns från den tiden att jag gärna ville höja professorns rekommenderade levnadsstandardnivå till att omfatta också dammsugare, kylskåp och tvättmaskin. Svårt att tacka nej till befintlig materiell välfärd. Och idag, hur många skulle frivilligt kunna avstå från bilen? Sluta flyga till ljuvliga playor långt borta i världen? Den allmänna offerviljan är klen, trots att det levbara samhället borde vara allas vår ledstjärna. Offervilja är något latent som väntar på någon sorts ultimat utmaning för att utlösas. Kniven på strupen och omvändelse under galgen.

Vad är det här? En gamling som sitter och gnäller i sitt hål, helt glömsk av hur otroligt bra vi alla har det och vilka fördelar vi har jämfört med alla tidigare generationer, allt det som gett oss en bättre hälsa och ett längre liv, för att inte tala om ett mer intressant och givande livsinnehåll. Ja visst, förlåt, förlåt! Kan det vara att hela den där åskmolnbanken av yttre hot rimmar med ens eget kroppsliga förfall och det egna intellektets pågående nedmontering? Känslan av att hela tiden något håller på att gå förlorat, något som har betydelse för min orientering eller rentav för min identitet. Hotet om begynnande senilitet känns minst sagt olustigt. Hotet mot ett meningsfullt liv och möjligheten att kommunicera med andra. Bli till ett enda stort problem för de käraste nära. Ändå: det är som det är.

Våra fysiska och psykiska brister, hur naturliga de än är, kan vi uppleva som en sorts undermålighet. Att man inte längre kan, inte längre orkar, inte längre minns. Man gör bort sig. Kan känna sig gammal och värdelös. Rentav skämmas.

Där har skon klämt sen hedenhös. Gamla var förverkade, låg sina efterkommande till last när de inte längre kunde bidra till försörjningen. De var själva införstådda med detta och gick frivilligt om än knorrande under ödet över i en undantagstillvaro. Men vi som av samhällsutvecklingen har fått nya chanser, bättre livsvillkor, borde vi inte vara färdiga med den attityden?

Vi – ”subkulturen” gamla – kan vara helt klara över att vi har rätt att bli sedda som fullvärdiga individer och medborgare, samtidigt som vi i våra hjärtan kan både sörja över och skämmas inför oss själva för att vi inte längre motsvarar den gamla ”dugliga” självbild vi så länge haft.

De yngres attityd mot oss understryker ofta nog vår svaghet och vår utsatthet. Kanske är det oundvikligt. Det är ju ett faktum att vi är dem underlägsna på alla de plan som i dag skattas högst: styrka, snabbhet, effektivitet och förvisso också ”looks”. Vi kan ställa upp med all vår erfarenhet, vårt människovärde och vår självkänsla. För hundra år sedan skulle vi ha krävt vördnad från de yngres sida. Nu skulle det räcka med hyggligt bemötande och helst den respekt vi alla ska visa varandra.

Det är alltid svårt för fysiskt svaga grupper att hävda sitt värde. Liksom män och kvinnor har grundläggande olikheter som gör det knepigt för dem att till fullo förstå varann, så är det knepigt för yngre att förstå gamla. Vad vet man om det man inte har upplevt? Det finns ingen jämställdhet mellan gamla och unga. Varför behöver vi låtsas? Men det finns broar, det finns ömsesidig förståelse. Man får ”jobba på det”.

Jag saxar en bit ur Tora Dahls bok *När jag var sjuk* som hon skrev 1973 vid 87 års ålder och där hon enkelt och gripande belyser det som jag försöker säga.

”När jag var sjuk hände det mig ofta att jag kände förakt för min egen kropp. Jag tyckte att den hade övergivit mig. Jag vill gå rakt och med raska steg min väg fram – men min kropp lyder mig inte. Det är svårt att uppleva detta – och ännu värre blir det, då man märker hur andra människor inte ser något annat hos en, än att man inte ’funkar’ som man ska i ett välordnat samhälle. En människa är dock mer än en maskin – och hon har sitt människovärde kvar, även om ’maskineriet’ har råkat komma i olag, och inte kan fungera som beräknat.

Det är ett problem, ett rent mänskligt problem, att vara sjuk, och det är detta som borde betänkas av alla som har med sjukvård att skaffa.

- - -

Jag kan inte ge mig ut på några vandringar numera, kan bara gå korta bitar med hjälp av käpp, och den värld jag ser med mina ögon är insvept i ett ständigt dis – men när jag sluter ögonen, då ser jag lika tydligt som förr både dess gräslighet och dess ofattbara skönhet.”

”Det är inte roligt att bli gammal”, det är den gängse sucken. Samtidigt som vi så gärna vill hålla oss kvar i livet och bli gamla. En paradox, men det bara är så.

Det är som det är. Enkla ord. En fras som vi gamlingar så ofta byter med varandra.

Vem minns inte Jarl Kulles innerliga hyllning till "den lilla världen" vid dopfesten i *Fanny och Alexander*, hur han frustade av livsglädje och familjekärlek. Kretsen av gemenskap och tillhörighet höll han fram som värme- och kraftkälla mot bakgrunden av en kall och farlig omvärld.

Den lilla världen. Det finns en som är ännu mindre men lika angelägen, lika varm och betydelsefull: de gamla i sina kokonger av förtrogenhet och hemkänsla. Så länge man får ha någonting omkring sig som kan kallas ens eget, så länge är man någon. Den gamla ärvda byrån, den sköna tv-stolen, mina fotografier, duken som mormor broderat, mina gamla tofflor, vad det nu kan vara som hjälper mig att hålla ihop bilden av vad som är jag. Den lilla världen kan omfatta spis och köksbord, säng och badrum. Den kan krympa så att bara säng och tv blir kvar. Kanske en kär tavla att fästa blicken på.

En tes är: Tillvaron måste vara överskådlig och begriplig för att vi ska kunna relatera till den på ett någorlunda adekvat sätt.

Vartefter vi åldras och tappar ord och överblick, förmågan att tolka det som pågår utikring, beskärs vår värld. Områden blir otillgängliga och faller bort. De riktigt gamlas värld måste med nödvändighet krympa, annars skulle de inte kunna fungera. Det kan man beklaga, men för många av oss – bland dem som mår hyfsat bra - kan denna mycket begränsade värld upplevas som rentav privilegierad.

Nu hittar jag plötsligt inte ord när jag vill beskriva allt positivt som kan pågå i detta beskurna ålderdomsliv. Hur sätter man ord på sånt som att det enkla och betydelselösa har blivit stort och viktigt?

Någon har tagit min färglåda. Hur ska jag kunna måla upp en bild av en blygsam vardag med tämligen omärkvärdiga rutiner så att man förstår hur den stundtals kan skimra och värma? Vad som är så bra – tycker jag – är en hel del företeelser som regelbundet återkommer och som ger mig en känsla av trygghet och förankring i tillvaron. Om det så är första snön – stora luddiga vantar som stiger och sjunker i sin iskalla dans utanför fönstret, om det så är fotvårdsdags och jag kan glädja mig åt flygfärdiga fötter när jag går hem, om det så är den lilla stund jag sitter vid mitt skrivbord efter den angenäma frukostritualen och den nödvändiga medicineringsritualen och inbillar mig att jag "lägger upp" min dag. Kanske jag får lust att tvätta upp strumporna som legat i veckor i ett hörn i badrummet. Kanske jag går till den närliggande torghandeln och köper lite vaxbönor och fin frukt samtidigt som jag gläds åt blommorna som är så konstfullt arrangerade på olika nivåer. Får passa på att lämna tillbaka biblioteksboken. Kommer hem och kollar telefonpresentatören. Oftast visar den 000 CALL och det är rätt skönt. Vara i fred. Men ibland har någon sökt mig och jag tyder numret till en god gammal vän, en dotter, ett barnbarn. Då blir man med igen. Härligt!

Min man, som bland annat var seglingsfantast (båtoman, sa vi), brukade framhålla att en av fördelarna med segling var det enkla: gör du rätt manöver blir du genast belönad med "fin gånga", gör du fel manöver får du genast erfara att det går åt h-e. Vi mår bra av att tvingas ta ansvar för vårt handlande och att omgående få veta bra-eller-dåligt. Observera att resonemanget faller platt om man agerar i en båt med nutidens omfattande elektroniska apparatur. Det har att göra med vad du utför med kombinationen huvud-händer.

Lite av detta med huvud och händer har sin tillämpning i min lilla värld. Att fungera någorlunda väl i det praktiska ger en enorm tillfredsställelse. Det är en ojämförlig känsla att fungera skapligt i sin ålders dagar och nätter. Funktionsglädje om än blygsam.

I den här lilla världen går man som regel inte ut på kvällen. Vill sitta i min röda fåtölj. Alltid finns det någonting att titta på i teven. Det är ju fantastiskt vad jag får ta del av. Som om hela den stora världen ligger där öppen för mig, geografiskt, historiskt, möten med intressanta människor. Om inget annat finns har jag alltid djuren, helst aporna, i Animal Planet. Jag kurar förnöjsamt i min filt. För fryser gör jag ju. Så fort hjärnan är påkopplad verkar blodet överge armar och ben.

Jag har det bra i min kokong. Och på min balkong med utsikt mot solnedgången.

Man måste det, sägs det. Det är bra för dina små grå, och det är nödvändigt för att du ska kunna hålla dig gående.

Den som inte hänger med har hoppat av tåget, blir stående på någon perrong och syns snart inte mer. (Från tåget alltså. Men från dig själv? Hur ser det ut? Kanske riktigt lugnt och behagligt.)

Det sägs att det gäller att bryta de gamlas utanförskap, det som den nya it-tekniken skapat. En undersökning gjord av det internationella analysföretaget Nielsen net ratings visar att svenska nätsurfare över 55 år ligger på europatoppen. Men om man är över 80? Hur är det med angelägenhetsgraden då? Det antyds att det är roligt för en gamling att bevisa för sig själv att han/hon kan göra något som han/hon inte trodde sig om. Visst, det finns säkert massor av gamla som är riktiga överdängare på att använda sin dator. Kan göra bilder, skicka iväg allt möjligt till andras datorer och sådant. Jag gissar att de flesta är män.

Tillhörigheter och trender i tiden ska man ta till sig. Jo, även jag har skaffat en dator, dvs. fått överta en bättre begagnad. Men jag använder den mest som ordbehandlare. Utifrån bombarderas jag av uppmaningar och förslag: gå in på nätet, adressen är www etc. Betala dina räkningar på nätet. Gå in och titta på olika resemål, stugor att hyra var som helst, mat att beställa när som helst. Eller chatta, du kan hitta någon att chatta med, någon som kan vara en riktig lurifax eller värre och som du själv kan tuta i vad som helst för fantasier om dig själv.

Men varför det? Jag vill inte. Det har att göra med nödvändigheten att behålla greppet. Och jag tror att om jag inte själv sköter mina utbetalningar med räkningarna framför mig på bordet och med viss regelbundenhet så vet jag tillslut inte vad jag har och inte har. Just handlingen att fylla i utbetalningsblanketter tvingar mig att tänka och reflektera. Det är mitt enda sätt att ha koll på min lilla ekonomi. Förresten, allt nytt jag lär mig men gör mycket sällan tenderar att gå tillbaka in i glömskan.

Dessutom känns det som om nätet skulle kunna bli den ultimata lilla krångligheten i en redan ganska jobbig tillvaro. Jag är medveten om att jag kan ha fel. Rätt använt skulle nätet kunna berika mig, underlätta vardagen. Men jag vill ändå inte. Jag känner mig redan överansträngd av allt som pockar på min uppmärksamhet, även sådant som jag vet verkligen skulle intressera mig om jag bara hade någon ork att spendera på det.

Ta bara morgontidningen. Den som är så trevlig att tassa ut och ta upp från dörrmattan. Detta ingrodda trevnadsmoment är snart det enda som finns kvar av begreppet morgontidningen. Jag överdriver kanske en aning, men faktum är att jag läser allt mindre. Av olika skäl. Det frestar på ögonen, det är sida upp och sida ner om popartister och låtar som är terra absolut incognita för mig, en massa sport som jag inte kan uppamma något intresse för. Dessutom ställer mig läsandet inför mängder av ord och fraser som är rena grekiskan för mig. Till exempel är jag osäker på vad gig är för sorts evenemang. Och smoothie, är det kanske något drickbart? Och en rooky? Ingen aning. I DN läste jag att TV4 tog rygg på statstelevisionen. Hur tar man rygg på något? Har man någonsin kunnat det förut? Grabbarna gibbar hela natten, utropar en rubrik. Vad hade de för sig egentligen? På ett annat ställe står det om döda och ohajpbara vita män. Vit gamling icke förstå. Inte heller detta: Är dom det allra minsta dåliga (artister) så är dom rökta.

Det är frustrerande att inte fatta vad som står skrivet. (Förresten, hur kunde vi klara oss så länge i livet innan ordet frustrerande drabbade oss för några decennier sedan? Så mycket som är just det.)

Bland det jag gärna hoppar över är det mesta av det nyhetsmaterial som ändå förmedlas genom tv. Här kommer också ett nytt hänsyn in, som mer och mer kräver att bli beaktat: skona min själ. Det går numera inte att värja sig för alla dessa hemskheter, alla dessa döda, nej dödade. Förr kunde ett enstaka mord uppröra befolkningen i månader. Nu är det bomber och knivar och så och så många dödade vareviga dag.

Förr kändes det viktigt att vara informerad, att reagera, att stå emot avtrubbningen. Nu verkar det som om själva avtrubbningen blivit avtrubbad. Den fungerar inte längre som skydd.

När jag skriver det här är det påsktid. Veckan, vad heter den? Lidandets vecka? Jesus på korset har varit temat för en skolklass någonstans. Det fyller mig med olust att tänka på hur dessa livsglada barn har hållit på och knåpat för att framställa ett förlopp som är så fasansfullt att de omöjligen kan föreställa sig det.

Han led för vår skull sägs det. Hans lidande var ställföreträdande, han tog på sig alla människors svåra plågor. Det var så att säga poängen, om man får använda ett sådant uttryck. Men kan någon hävda att lidandet i vår värld har minskat? Att en enskild person kan känna lättnad eller lindring genom blotta tanken på att någon finns som vill ta över hans plåga, det är begripligt, men i stort och de facto? Och alla andra som försmäktat på kors och i fängelsehålor, för vilka led de?

Själv hör jag till dem som kallar sig agnostiker, de som inte förstår att någon mänsklig hjärna kan komma förbi de frågetecken som omfattar vår existens på jorden, själva jordens existens också för den delen.

Men Jesu lidande berör mig numera så starkt, både i sig och som symbol för allas lidanden, det fysiska och även det psykiska som ligger i förnedringen i att inte bli trodd och att bli utsatt för andra människors grymma handlingar.

Pinan. Hans huvud, sargat av törnekronan, hängande åt sidan. Hans genomborrade och fixerade (nej, fastspikade) händer, hur såren tänjs ut av kroppstyngden – obeskrivligt obarmhärtigt utdraget plågsamt. Ett fruktansvärt lidande och ett alls icke ovanligt straff för två tusen år sedan i Judeen.

Jag vet många gamlingar som skyggar för vetskapen om människors lidande. Ja, också djurs lidande. Ändå har vi i hela vårt liv mött så mycket svårigheter och bekymmer och missförhållanden och elände att vi ju borde vara garvade vid det här laget.

Sorgen över våldet och ondskan och fulheten i världen går helt enkelt inte att komma ifrån.

I sin bok *Elizabeth Costello* låter nobelpristagaren J. M. Coetzee sin huvudperson gå i närkamp med människornas ondska. Inte den direkta ondska som är utövarens gentemot ett offer, utan den skildrade ondskan och dess effekter.

Elizabeth Costello, som själv är en berömd författare, har läst en roman om männen som avrättades efter en sammansvärjning mot Hitler år 1944. Hon är fruktansvärt berörd av den totalt osminkade skildringen av hur hängningarna gick till, bland annat bödelns hänsynslösa ord till de dömda om hur exakt deras kroppar skulle komma att reagera i strypögonblicket, ingen brutal detalj sparad. Hon bestämmer sig för att göra denna roman till ämne för en föreläsning som hon är ombedd att hålla vid ett speciellt tillfälle på ett universitet, även om hon tvekar om att kunna föra fram den revolt hon upplever mot ondskan inför ett så indifferent auditorium, ett auditorium ”som tycks ha glömt vidrigheterna under Hitler och Stalin”.

Hon avser att ta upp tre allvarliga och till synes hittills obeaktade aspekter. Den första gäller skildrandet av ondskans lidande offer. Det är obscent, anser hon, att gå dem så in på livet ”Deras sista timmar är enbart deras” --- ”Döden är en privatsak. Konstnären har inte rätt att tränga sig in i andras död.” –” Sådant som pågår i världens slakthus /borde/ inte föras fram i ljuset utan döljas och gömmas undan i evighet i jordens innandömen, om man vill bevara förnuftet.”

Det andra gäller skildringens verkan på läsaren. Elisabeth Costello känner att hon genom läsningen får ondskan överförd på sig. Hon tycker inte om att se sina medmänniskor förödmjukade. Och hon är långt ifrån säker på att människor blir bättre av det de läser.

”En jämförelse av vidrighet ställd mot vidrighet där själva jämförandet lämnar en vidrig smak i munnen. Tjugo miljoner, sex miljoner, tre miljoner, hundra tusen. Vid en viss punkt strejkar hjärnan inför mängden, och ju äldre man blir – det är åtminstone vad som hänt henne – desto tidigare upphör den att fungera. En sparv skjuten från en gren med en slangbella, en stad utplånad från luften; vem kan säga vilket som är värst? Ondska, alltihop.”

Slutligen och för henne själv inte minst viktigt: hon kan inte heller tro att författaren ”återvänder oskadd” efter att ha skildrat ”själens mörkare domäner”. Hon tycker det borde finnas förbud mot att besöka ”vissa fasans platser”.

Hänga med? Trots allt elände, upplevt eller bevittnat? Jo, det finns ändå bara ett svar. Visst vill jag. Så länge det går. Vill ju vara med mina kära, vill ju höra till, vill ju följa dem även om avstånden ibland blir långa i tid och rum. De är ju huvudnerven i mitt liv. Och de små, de som nu har blivit vuxna, jag vill gå med dem en bit till ute i kanten, på mitt mormor- och farmorhåll.

Så länge det bara går. Det är i de orden den verkliga tveksamheten ligger.

GAMLA SARA GICK PÅ VÄGEN...

Min mammas morfar kallades Vackre Östen i obygden. Han var lite skomakare och lite handelsman och lite småbrukare – ja det blev aldrig riktigt så stort att han kunde försörja sina tio barn. Han försvann till Amerika i första emigrationsvågen. Där gick det tydligen bättre, för han plockade över barn efter barn efter barn. Hustrun stod emot i det längsta, trodde inte hon skulle kunna rota sig någon annanstans än i Helgum, Ångermanland. Men efter tolv år och när biljetterna kommit henne tillhanda for hon över med de tre yngsta. Kvar i landet var en dotter – min mormor – som sålt sin amerikabiljett i Stockholm där hon i förbifarten blivit kär i en ung kopparslagaregesäll. Kvar i Helgum var också den sköne Östens mormor.

Hon hette i begynnelsen, som också var begynnelsen av artonhundratalet, Sara Angermun. Ja det är säkert. Hon hette det efter sin far fast det låter som taget i denna dag. Undrar om Anger egentligen var Ånger, någon som ångrade att hon varit lösmynt. Man blir ju nyfiken.

Ända upp i nittioårsåldern blev Sara uppmärksammad för sitt svarta hår som inte hade en silverstrimma, och för att hon kunde läsa utan glasögon. Ja vem i detta djupa folklager hade väl glasögon, läskunnig eller ej? Man såg gamla Sara gå till kyrkan med händerna framför sig i fullt arbete med stickstrumpan. Kanske alla kvinnorna i byn gick omkring och stickade. Men om det bara var Sara, så var hon kanske extra religiöst påverkad av det där att icke "fåfäng gå". Vad vet jag. Att hon i och för sig gick och stickade var kanske inte så märkligt. Det finns ju massor av kvinnor i vår tid som sitter framför teven och stickar utan att så mycket behöva se på vad dom gör. Somliga säger att man kan ju inte sitta rakt upp och ner och göra ingenting.

Kan man inte?

Andra säger att det är så lugnande att ha någonting för händer. Det köper jag.

Jag skulle också gärna ha någonting lugnande för händer, helst när jag ska sova och inte kan och inte vill lyda goda råd som att gå upp och göra något annat tills jag blir sömnigare. Jag är så sömnig jag kan bli, och jag vill synnerligen ogärna lämna min varma sköna bädd. Problemet är olösligt och jag får nog i stället börja handarbeta i sittande ställning på dagtid.

Jag vet inte hur det är med andra 80-plussare, men mina handleder håller inte längre för strumpstickning. Så mycket koncentrerade rörelser med handleder och fingrar. Nåja, kanske några varv av ribbstickning då och då. Men det skulle aldrig hinna bli en strumpa. Än mindre två.

Men man kunde ju virka. Jag har en bunt virknålar, varav jag under senare år vid behov utväljer en för enklare rörmokeri. Där måste finnas någon som passar till enklare handarbete, typ grytlapp.

Jag tänker på alla kvinnor som sekel efter sekel har suttit och virkat små rutor eller stjärnor till sängöverkast, dessa underbara, vita, slitstarka skapelser som de sen lämnat i arv. Jag ska inte tävla med dem. Min grytlapp är kanske inte så heroisk, men den (eller om det blir flera) kommer att bli använd. Poängen är ju inte själva grytlappen utan händernas stillsamma sysslande med virknål och ljusvekegarn, samtidigt som tankarna faller in i samma vänliga lunk, maska efter maska.

Virka grytlapp kan synas vara ett skäligen enkelt projekt, men att det inte är så har jag bevis på i mitt linneskåp, där några små oliksidiga fyrkanter med langettsöm ikring och en stor eller alldeles för liten ögla fortfarande ligger, fast på undanskymd plats. Morsdagspresenter. Och jag minns ju själv hur det var, ja jag drar fram minnet från någon handarbetslektion någon gång för cirka sjuttiofem år sen.

Garnet ska ligga på ett särskilt sätt över fingret så att virknålen i högra handens järngrepp kan pressas under och kroka om det och dra det tillbaka och igenom det där lilla hopträngda hålet under två trådar som går bredvid varandra, och ibland kommer man bara under den ena tråden och ibland bara igenom en halv tråd eller också går man på något sätt vilse i själva hålet och kommer ingen vart. Och hela tiden ska man hålla i den lilla biten man totat ihop och man ska också veta när det är dags att vända på den och det ska gå åt andra hållet, så att det inte blir som en trappa som bara blir bredare och bredare eller också alldeles sned. Jo, jag minns det som ett solkigt jobb som pågick säkert en hel termin.

Förhoppningsvis har min motorik utvecklats och förfinats under denna icke-virkande livstid. Det kan den ha. Men tyvärr kan den nu också ha avtagit.

Man kan också sy grytlappar av några glada bitar ur lapplådan. Kanske rester av flickornas bomullsklänningar eller annat som kan ge angenäma associationer när man sen greppar lappen.

Va, har man inte lapplådor numera? Kanske inte heller knappaskar? Synd.

Det tycker i varje fall den som lärt att inte slänga ett uttjänt plagg utan att först klippa bort knapparna, som kanske kan komma till användning i ett senare sammanhang. Min knapplåda är ganska stor. Där ligger hundratals, ja tusentals knappar och väntar på att komma till användning. Kanske dags att döpa om knapplådan till minnesbank. Bra många knappar berättar sin historia för mig när jag silar dem mellan fingrarna. De där röda fyrkantiga läderknapparna satt på småbarnens knallblå dufflar en gång på femtiotalet. Och de toppiga, som snodda av en bronserad mässingstråd, dem köpte jag på Svenskt Tenn i en tid då knappar var lika viktigt som klädhängare lindade med silketråd. Men fortfarande tycker jag att de där metallknapparna ropar efter en härlig snygg vintervardagsklänning. Såna har jag inte sett på decennier, de är nog utdöda.

TÅNG

Inte bland fackelblomstren
och lilatonad strandaster
vibrerande i vinden.
Inte i vassen, den stolt vajande
plymagerade eller nere i det våta
där algerna slingrar sugande och loja.

Jag bor i tångens brunsvarta bälte
som packats av väder och vågor
år efter år efter år efter år,
frastorrt och sönderfallet men
med visst näringsvärde.

Så länge hon var husmor var det inga problem med hennes status.

Så länge hon fanns där för att göra tillvaron levbar för sina närmaste. Kardade och spann, vävde och sydde, födde och fostrade och allt det andra. Om hon gjorde allt ensam tills hon stöp eller var mera burgen med nyckelknippa vid bältet och hade hjälp av pigor och tjänarinnor och gårdsfolk – i alla sociala lägen var hon oumbärlig.

Under alla de århundraden då husmodern gjorde allt det som idag utförs av livsmedelsindustrin, sjukvården, åldringsvården med mera annat som numera är utlagt på samhället, så länge var hon inte ifrågasatt.

Kvinnan som husmor var respekterad om hon skötte sitt fögderi väl och utan betalning. Hon hörde visserligen till det svaga könet, en andra klassens varelse, eftersom hon var omyndig, men hennes position var i alla fall inte ifrågasatt. De allra flesta fann det helt i sin ordning att hon var det hon var. Det var rentav hennes plikt att vara det.

Hela det här sammanhanget kom jag att fundera över när jag satt och bläddrade i ett lägg av Husmodern från 1920. Min mamma höll sig med ett par veckotidningar i en tid då dessa var en tämligen ny företeelse. De bedömdes tydligen ha ett så värdefullt innehåll att man lät binda in dem. Några år kanske, sen brydde man sig inte längre om det.

Om någon vill få en mätare på hur tidsandan har ändrat sig, läs gamla tidningar! De är väldigt enkelt hopkomna, layouten nästan obefintlig, genomgående samma rubrikstil överst på sidan och sidorna fulla av stora täta textblock. I Husmodern innehåller dessa ofta berömmande spalter om fruar och fröknar, generalskor och biskopinnor och annat titulerat folk som gjort "behjärtansvärda" gärningar, exempelvis startat ett mödrahem eller en barnkrubba. Till den kvinnliga borgerligheten många moraliserande ord om sparsamhet, flit och en uppoffrande anda.

Jag saxar ett och annat som kan ge exempel på olika moment i en kvinnas livsföring på den tiden när vi 80-plussare var små eller späda. Alltså för bara en (ganska lång) livsålder sedan. Alltså 1920:

Den unga fru som syr sig ett "kokett förkläde" enligt skiss behöver inte tvivla på att hon "iförd denna koketta symbol för sann, kvinnlig huslighet vinner sin mans fulla och berättigade gillande, om icke förr så när hon i hemlighet talar om för honom, att det är en liten 'stuvbit' som hon hittade för 2.50!"

"Trevliga och lättsydda handarbeten" beskrivs med uppritade exempel på kråkspark och snarsöm, och i många nummer visas hur man lätt syr sina egna underkläder – en underklänning bör ha en vidd på en och en halv meter för att inte strama – och materialet i de raka linnena och benkläderna är linong eller madapolam.

Vill man ha sina målade golv vackra och blanka så skall man en gång i veckan gnida lätt över dem med sur mjölk.

Strykjärn skyddas mot rost om de efter kallnandet vart och ett stoppas i en påse av flanell och sedan förvaras på torrt ställe. För att avlägsna möjligen på järnen uppkomna fläckar fuktas dessa med fotogen och får stå en stund, varefter de gnidas med litet olja och smärgel- och sandpapper tills de blivit blanka.

”Låten edra barn gå barfota under sommaren. Det spar edra hushållskostnader för skor och halvsulor. Men det viktigaste är att en sådan barfotasommar för barnen är en riktig hälsokur.

De barn som sålunda fått härda sig bli under vintern långt mer motståndskraftiga än eljest mot förkylningar, hosta, näs- och ögoninflammation o.s.v.

Däremot äro korta strumpor och bara ben ohälsosamma. De åstadkomma hämmad blodcirkulation i de blottade delarna. Därav följer benägenhet för katarrer, reumatism o.s.v. Vid barfotagåendet förhindras avkylningen genom friktionen mot marken och den livligare blodcirkulationen.”

”Innersulor av tre- eller fyradubbelt tidningspapper, ombytta varje dag, hindrar fukt att inträda och göra skodonen hållbarare och sundare.”

”Fisk- eller kållukt i kokkärl borttages på så sätt att man tänder eld på ett brunt papper samt välver kokkärlet däröver.”

”Blanka ställen på kläder avlägsnas genom att gnidas med en yllelapp fuktad med ättika.”

Den som sörjer över att hennes mörka hår börjat gråna får i Husmodern ett recept på ”ett i det hela menlöst preparat” som består av ”50 gram grönt te, 50 gram torkad trädgårdssalvia, vilka örter i en *järngryta* kokas med 3 lit. regnvatten tills blott 1 lit. återstår. Locket skall hela tiden ligga på grytan, och innehållet får stå i 24 tim. kvar i kokkärlet, varefter det silas. Håret fuktas ganska grundligt med lösningen varje afton, och huvudbotten masseras både morgon och afton under 10 min."

Ett annat lättare och mer lättillgängligt hårfärgningsmedel kunde man fixa "genom att i en järngryta koka rentvättade potatisskal tills de äro mjuka". Det ska vara 1 liter tunna skal till 1 liter vatten. Vätskan silas och användes som föregående.

Husmodern ger varje vecka en meny för morgonmål, frukost och middag. Spicken sill, halstrad, stekt eller ångkokt sill samt sill i kapprock är varianter som förekommer två tre gånger i veckan till frukost, gärna följt av havre- eller mannagrynsgröt. Annan frukost- dvs. lunchmat är stångkorv eller stekt fläsk följt av kornflingor med gräddmjölk eller annat mättande. Man får komma ihåg att tidigt tjugotal var ännu "dyrtid" som man sa efter första världskriget. Mathållningen är snålekonomisk med få enkla basvaror, och man är inte långt kommen från den svenska fattigdomen.

Det är från detta tjugotal som jag ännu minns tvätterskorna, där de låg på knä på klappbryggan i sjökanten och bankade luten ur tvätten och sköljde i det kalla vattnet. I Husmodern får jag nu läsa att man börjat tycka att storbyk två eller fyra gånger om året kanske är onödigt sällan. I en familj som med tjänstefolk uppgår till sju åtta personer "blir en byk ganska aktningsvärd efter sex veckor". Att det ändå blir ett digert program framgår av beskrivningen:

Mellan åtta och tolv kilo rekommenderas som lagom mängd tvätt. "Man tar t.ex. gångkläder och toaletthanddukar. Dagen innan tvättdagen läggas kläderna i kallt vatten. Efter någon timma upptagas de och få avrinna. Under tiden kokas vatten i en stor kittel och i detta blandas 2 msk ammoniak, 3 msk fotogen eller terpentin, en handfull soda och en *stor* hand såpa eller liknande mängd skivad tvättvål. Äro kläderna särskilt smutsiga, som t.ex. kökshanddukar ibland kunna vara, kan med fördel tillsättas ½ paket *gott* tvättpulver. Denna tvättsats utblandas med mera vatten och slås varm över de i en balja nedlagda, väl avrunna kläderna. Baljan övertäckes väl med brädlappar och mångdubbla tidningar e.dyl. och får stå till nästa dag. Vid lämplig tid på förmiddagen tvättas kläderna först i det vatten de legat uti, vari man häller kokande vatten, och sedan tvättas de återigen i nytt vatten. På de ställen – skjortlinningar o.dyl. som äro hårdast smutsade – strykes efter tvättningen litet tvål. – Under arbetet har man påsatt husets största kittel och i denna värmes vatten och viss mängd lutpulver eller ock ett silat avkok på björkaska. Man får ej taga för mycket av någotdera, blott så att vattnet känns litet *halt* för fingrarna eller smakar lätt lutaktigt. Luten skummas och kläderna iläggas. De få efter uppkoket koka 20 a 25 min., varefter de upptagas och sköljas väl i 2–3 l. vatten. De få sedan ligga i rent vatten, helst rinnande sådant, t.ex. i tvättbassängen, i en större balja vid vattenledningen, i ett badkar etc. under tre eller flera timmar, varefter de urvridas och upphängas."

Det föreslås att man äter middag lite senare denna tvättdag.

Jag tänker ibland på den här långa tvättproceduren när jag lägger in min tvätt och sen går och gör något helt annat. Jag tänker också ibland när jag är ute och handlar och plockar på mig allt vad jag behöver på hur lång tid det tog i min barndom och långt in på trettio-, fyrtiotalen att inhandla dagens behov av livsmedel, hur man väntade medan handlarn vägde upp smörklimpen, medan han krossade sockertoppen till småbitar, hämtade upp mjölk och grädde i medhavda hämtare eller kannor, lät sirap ringla ned i burken man hade med sig och inte minst när han skivade den prickiga korven.

Mamma skickade en gång sin tolvåriga yngsta att köpa bland annat ett hekto prickig korv. Det måste ha varit långt in på fyrtiotalet. Flickan råkade glömma viktenheten och bad att få ett kilo prickig korv. I tunna skivor. Med stigande fasa såg hon ett berg av korv torna upp under handlarns flinka händer men vågade inte säga ett pip för att avbryta trots mannens klentrogna min.

Denna prickiga korv fick hon äta upp många gånger under åren.

I en insändare till Husmodern står det om en annan som hade svårt för sig; hon lyckades aldrig med att föra bok över hushållsutgifterna som sedan skulle redovisas för hennes man. Räkningar dök upp titt som tätt och allt var en enda röra. Tidningen gjorde en rundfråga om hur det förhöll sig med fruarnas räkneförmåga och svaren sammanfattades så här: ”De flesta kvinnor kunna helt enkelt inte addera, ehuru de subtrahera ganska bra.” Husmodern konkluderar att ”förvisso inte alla damer äro likadana, men det är tyvärr sant att en mångfald kvinnor äro fullkomligt ur stånd att sköta de enklaste räkenskaper”.

Den husmor jag minns från min barndom på 20-talet var direkt utsöndrad ur en tradition där de flesta förnödenheter tillverkades i hemmet. Det var först när välfärdens alla nymodigheter hade transformerat hemmet med alla dess funktioner och sysslor och prylar som först pigorna försvann, sen hembiträdena glesade ut, och slutligen själva husmodern fick lite för litet att göra, och först då började man höra talas om hemmafrun.

Hemmafrun slapp ifrån massor av grovgöra men bakade fortfarande bullar och stoppade strumpor. Som en av dem på 50-talet minns jag att det var mycket att göra med hus och hem och man och barn. Stress hörde man sällan eller aldrig talas om. Visst drömde många om att ägna sin energi åt något annat än detta enformiga hemarbete, men samtidigt kändes tanken på att lämna bort sina barn på det som senare kom att kallas dagis för att omhändertas av andra kvinnor helt absurd.

I takt med att allt fler kvinnor yrkesarbetade började ordet hemmafru få en dålig klang. Möjligen tyckte yrkeskvinnorna att hemmafruarna levde lyxliv. De som gillade att vara hemma och såg detta som värdefullt för barnens skull sades ha hamnat i kvinnofällan. Yrkesarbete eller kvinnofälla; som i alla svartvita debatter fanns inget tredje.

Ja, allt det där om kvinnors rätt till arbete och lika lön. Allt det där om att kvinnor för att bli respekterade och jämställda måste ha sin egen ekonomi. Och allt det där om att en familj inte kan leva på en lön. Där vi är idag. Komplext förlopp i stark förkortning.

I nr 47 av Husmodern för 1920 hittar jag så rubriken ”Äktenskaps rättsverkningar”. En ny lag har kommit som ska träda i kraft i och med 1921.

Det talas om makarnas personliga och ekonomiska förhållanden. Vad som ska gälla såväl äldre som nyare äktenskap är ”äkta makars underhållsplikt mot familjen, varjämte mannens målsmanskap över hustrun i personligt avseende avskaffas över hela linjen".

"Äldre rätt karaktäriseras i hög grad av mannens målsmanskap över hustrun. Detta som utåt innefattar en rätt för mannen att representera hustrun vid ingående av rättshandlingar samt inför domstolar och andra myndigheter, innebär inom hemmet i egenskap av s.k. husbonderätt *en befogenhet för honom att utan hustruns hörande utöva bestämmande i alla angelägenheter såväl rörande hustrun personligen som hemmet och barnen* (min kurs.). (Han har sålunda exempelvis i kraft av sitt husbondevälde rätt att egenmäktigt skilja mor och barn, ja han har till och med kunnat påkalla myndigheternas bistånd i ett sådant förfarande.)"

Att kvinnan blev myndig i vårt land 1921 ser vi som en hållpunkt i emancipationens historia; äntligen hade hon uppnått självbestämmande och jämlikhet. Man förstår bättre vad det egentligen innebar för kvinnorna om man poängterar vad de slapp ifrån i stället för vad de fick: från 1921 var kvinnan inte längre underställd mannen i juridisk mening. Hon var äntligen fri från hans husbonderätt.

För bara en livslängd sedan hade en gift kvinna inte ett dugg att säga till om. Och är det någon som tror att det därefter trots lagen – från dag till dag – blev någon större skillnad för henne i hennes dagliga liv? Enligt min erfarenhet var det i långliga tider fortfarande mannen som hade hand om ekonomin, hur man skulle bo, vad som skulle köpas, hur semestern skulle tillbringas etc.etc. Så svårt för honom att släppa ifrån sig makten. Och kanske ännu svårare för henne att kräva sin del av den utan att rubba den äktenskapliga harmonin.

Den arbetstyngda husmor som jag med Husmoderns hjälp försökt visa fram var närmast livegen. Om man ser sig om bland vår tids aktiva unga kvinnor måste man erkänna att kvinnans frigörelse är ett faktum. Så oändligt mycket har hänt på ett par generationer. Ändå låter det på de unga som om kvinnoförtrycket vore oförändrat hårt eller något som är typiskt för modern tid.

Kanske att husbondsförtrycket i vår tid kan stavas "mäns våld mot kvinnor" och att det förmodligen till stor del kan tillskrivas en reaktion på den manliga maktförlusten. Ett förhållande som möjligen balanseras av kvinnornas kvardröjande brist på självförtroende.

Låt mig citera två kvinnor som inte haft några svårigheter med att ta makt över sitt liv och leva ut sina resurser. Den första är Marguerite Yourcenar, medlem av franska akademin, historiker och författare. I slutet av sin släkthistoria skriver hon profetiskt och retrospektivt om sig själv som nyfödd (1903!):

"Hon kommer knappast att, likt så många andra kvinnor i vår tid, hindras av egenskapen att vara kvinna, kanske därför att det aldrig fallit henne in att detta skulle hindra henne."

Och en annan röst, den sentida filmstjärnan Kate Blanchett i en intervju:

"När man går upp i något och verkligen bara är sig själv – det är så mycket större än några idéer om kön."

Kanske att vi alla i en framtid kommer att säga som Pippi Långstrump: "Jag är bara en människa i världen."

Långt bort i tjugo- och trettiotalen fanns det fullt med små människor som gjorde sig påminta i olika sammanhang.

Nu menar jag inte något småväxt folkslag eller en skara dvärgar eller barn, och förresten gjorde de sig inte påminta på annat sätt än att behovet av dem drev t.ex. den tidens hemmafruar till att söka upp dem i olika angelägenheter.

De var udda. Deras bakgrund visste man inte så mycket om. Lite påvert. En och annan sades ha ”sett bättre dagar”.

Framåt jul stod plötsligt en liten människa på en trappstege hemma hos oss och tvättade ljuskronan, prisma för prisma med behandskade händer. Hon stod där flera timmar och hon nickade och log vänligt när man hastade förbi med skolväskan. Sen var hon borta.

En annan liten människa bodde på Kungsholmen neråt Klara sjö. Hon förfärdigade ”de mest förtjusande” galgar genom att linda en simpel trägalge med glänsande silkestråd i rosa, pistaschgrönt och gredelint och virka små fingerborgsliknande mössor som hon trädde på de båda ändarna. Slutligen virkade hon en liten strumpa att trä över galgkrokens nedre del. Klädda galgar var lite mode, och det satt tanter här och var som hade var och en sin egen stajl. En klädde t.ex. galgarna med veckat tyg.

”Jag vet en liten människa som kan…” sa hemmafruarna till varandra och tipset spred sig som en löpeld. En liten människa målade på porslin; man lämnade en trave vita tallrikar till henne och kunde sedan hämta dem tillbaka vackert bemålade med blommor eller frukter. En annan målade små miniatyrer, ställde gärna upp och porträtterade en hel barnaskara, en i sänder. Ytterligare en kunde sy ihop sex stora linneservetter med spets i fogarna så att det blev en "förtjusande" teduk. Åter en annan liten människa tillverkade lampskärmar av likaledes förtjusande slag. Och en sålde små påsar med sockrade tranbär som hon tog hem från Åbo eller Helsingfors. Det var (är?) en finsk specialitet som mamma älskade. Hon kunde utbreda sig lyriskt om den känsla som uppstod i det ögonblick det sockrade skalet brast mot gommen och tranbäret spred sin syrliga smak i munnen.

Så sent som på 40-talet skickade gamla (nåja) mammor sina döttrar, när dessa slutat amma, till en alldeles speciell liten människa med en alldeles speciell specialitet: hon band upp. För att få slut på mjölkproduktionen måste den unga mamman lindas, dvs. hennes bröst blev hårt och obarmhärtigt bandagerade med breda elastiska lindor tills hon var platt som en planka. Sen skulle hon hem och laxera. En vecka senare fick hon komma tillbaka och bli upplindad. Då skulle hon vara helt torrlagd, sinad alltså som man sa om kor. Linderskan var faktiskt en ett nummer större människa, eftersom hon hade uppbindningen som bisyssla till ett rekorderligt uppdrag för korsettfirman Germa. Särskilt hennes individuellt utprovade och nästan heltäckande korseletter gjorde kvinnors kroppar till spolformade skrov, som sen riggades genom att en laxfärgad underklänning av charmös träddes på och dolde hela härligheten.

Ja, det fanns små och lite större människor till det allra mesta. Serveringshjälpar som behärskade festdukningens alla detaljer och var mästare på att vika servetter till biskopsmössor eller svanar. Den lilla tanten i cigarraffären på Slussen som tog emot beställning på jumprar, som hon satt och stickade på bakom disken mellan kunderna. En man: Simon som på gamla dar jobbade extra i ett blomsterstånd i Östermalmshallen (Mamma kunde säga: Spring in till Simon och köp lite tulpaner, jag går in och betalar nästa vecka). Knivslipare, förtennare. Hemsömmerskor, bärplockerskor, trasmattsväverskor. Spådamer.

I retrospektiv tycker jag mig se hur dessa ”små människor” fyllde en lång rad funktioner som gjorde livet harmoniskt, för borgerligheten i varje fall, och hur de hade lyckats hitta en nisch där de kunde göra sig gällande och förtjäna sitt bröd i denna tid före folkpensionens och andra förmåners inträde. Och då börjar jag undra hur det egentligen låg till med storleken. Vem var egentligen minst som människa, den som presterade eller den som tog emot och betalade, förmodligen rätt snålt?

På senare tid händer det att det går rost i språkmaskineriet. När man ska svara i telefon eller när man inte pratat med någon på några dar. Pratet kärvar i föret. Läpparna vill inte formulera – som om det gällde att knåda hård lera. Ord infinner sig inte, och den man ska tala med börjar titta bort eller tänka på annat.

Språket är ju en förtrogen del av vårt människoskap, det hör till hemkänslan i livet. Språket beskriver och målar och förmedlar, småpratet väver ihop oss med våra närmaste. När vi inte kan komma till varandra längre för att vi hindras av krämpor eller helt enkelt inte orkar, då kan vi lyfta luren och prata med varandra, umgås, vara nära.

Även om talet blir rostigt och kraxigt vill jag för min del att språket ska vara rikt och beskrivande, inte framforsande eller telegramstelt som det verkar bli i den sms-ande generationen.

”Är det påfrestande?” frågade jag en gång en mig närstående yngling som svettades med gräsklippning.

”Påfrestande? Hur menaru? Om det är jobbigt?”

Nej, jag menade på<u>fres</u>tande, ett ord som får en att känna hur det frestar på, spänner i muskler, tänjer, trycker, driver fram svetten i pannan.

Jag vill ha verb som ger ut något. Stormar ska bedarra. Krusbär snoppas, ärter spritas, och tyvärr får man ibland lida skada eller röner otacksamhet. Tiden lider och det lackar mot jul. Känslor hyser man, motstånd bjuds, och skulle jag bli trött på livet kan jag begå självmord. Inte ta – man tar inte självmord, så enkelt är det helt enkelt inte.

Det är inte som att jag vill behålla språkliga klichéer, det är adekvata uttryck, där verben har en innebörd liksom subjektet och /eller objektet.

Jag vill som engelsmännen kalla en spade för en spade.

Men med åldrandets obönhörlighet kan så småningom både röst och ordförråd krympa.

Jag vill ha - ge mig den – var är jag – hjälp mig - gå nu – jag tror att jag ska… - vatten sa jag ju.

Som om rester av det stora rika språket sopats ihop vid tröskeln, den som vi snart ska överstiga.

För att pigga upp mig själv skriver jag här ett par rader av Esaias Tegnér som Harry Martinson har valt ut som de absolut mest betydelsestinna han visste. Smaka på:

När hararna vitna
och rönndruvan glöder…

En gång hände det något förskräckligt i min klass. En tjugofemöring hade helt obegripligt försvunnit ur en flickas kappficka. Allt tydde på att en stöld hade begåtts.

Jag var i gliåldern, mellan tio och tretton, och fick som alla långa flickor sitta längst bak i klassrummet. Vi skulle haft mattelektion, men eftersom det oerhörda hade hänt blev det i stället FÖRHÖR. Fröken stod högröd i ansiktet framför oss och förklarade att ingen fick lämna klassrummet förrän den skyldiga hade trätt fram och återlämnat slanten. En stunds darrande tystnad följde – ingen trädde fram. I kappfickan hade slanten haft sällskap med en vit skolkrita, och fröken drog slutsatsen att tjugofemöringen måste ha varit kritig. Här fanns ett bevis att säkerställa! Vi tillsades att lägga händerna framför oss på pulpetlocket medan fröken lätt framåtböjd och med lyftad lorgnett förflyttade sig bänkrad efter bänkrad och inspekterade alla händer som ängsligt strukits över kjolen innan de lades upp. Inget resultat. Nåja, sanningen skulle fram! ”Jag ska nu fråga er en och en, och ni kan lita på att jag kommer att se vem som är TJUVEN.” Jag lovar att trettio flickor rodnade lika djupt vartefter fröken dök ner på dem och stirrade dem i ögonen.

Hur dramat upplöste sig minns jag inte, bara detta hemska: att riskera att bli oskyldigt misstänkt för att ha begått en stöld.

Det kan vara svårt att fatta idag vilken rysare det var, men vi som är uppfödda med Börja med en knappnål, sluta med en silverskål, liksom med Flickan som trampade på brödet och Vargen kommer blev sannerligen impregnerade med hur domedagsviktigt det är att t.ex. inte stjäla/knycka/snatta.

Det klack till i mig när jag mitt i ett pratprogram på radio hörde en dam yttra sig i fråga om ett framträdande som spionen Bergling gjort i något medium. Han hade fjäskats för, ansåg hon. Men programledaren sa bara något skämtsamt avledande. "Det här är ingenting att skoja om", sa damen med indignerat darr. "Det handlar ju om landsförräderi." Sånt ska man skämmas för, tyckte hon. Samtalet bröts utan vidare kommentar.

Det var modigt rutet, damen. Som jag sa, det klack till i mig. Jag fick i minnet en scen som utspelade sig på trettiotalet i mitt hem. Det var apropå något spiondrama och min mammas reaktion var häftig, ja passionerad. "Jag skulle kunna strypa honom med mina bara händer", hörde jag denna normalt fridsamma person säga. Jag tvivlar nästan inte på att hon skulle... Att förråda sitt land, kunde det finnas något värre?

Jag tänker på hur Clark Olofsson då och då har poppat upp i våra medier, behandlad som ett fruktbart nyhetsstoff och ingalunda som den som brutit mot lagen å det gruvligaste.

En kvinnlig företagare plundrade sitt bolag på en större summa pengar, en förfalskning som ledde till en dom på åtta månaders fängelse. Journalisten vågade ställa frågan hur hon hade kunnat begå denna handling trots att hon var klart medveten om att den var brottslig. Svar: "Jag var nog lite naiv. Det var jättedumt gjort."

Det verkar inte vara så farligt att göra något kriminellt. Man dummar sig, vännerna ställer upp med stöd och uppmuntran, allt är snart glömt och man är tillbaka på banan. Förargligt att man skulle åka fast.

Första gången jag blev ordentligt skakad i min kanske stelbent svartvita syn på rätt och orätt var på en restaurang vid Medelhavets strand. Det är mycket länge sen. En i vårt sällskap visste att just på det här stället serverades en fantastisk bouillabaisse. Man måste beställa soppan några dar i förväg. Diverse olika fiskar och skaldjur måste dragas ur havet. När vi anlände till den skäligen enkla krogen, fördes vi in, värden – som vi kan kalla Mario – låste dörren så att inga fler gäster skulle kunna komma in och störa. För det var nu han började tillaga sin berömda soppa. Han lade ifrån sig fimpen på spiskanten, han lät kastruller byta plats på hällen beroende på hur långt de kommit i sitt sjudande tillstånd, han hade fonder och buljonger och vad allt. Medan vi satt och väntade på gudaspisen underhöll oss vår italienske vän med berättelser om Marios tidigare öden. Vad han haft för sig före, under och efter kriget. Hur han hade vågat livet under smuggelräder, hur han rymt ur fängelse och dödat så och så många. Detta berättat med uppenbar beundran för den lille svartmuskige mannen som stod där och rörde i sin brygd. ”Men han är ju kriminell”, *måste* jag invända, faktiskt ganska upprörd. Den italienske vännen, som till yrket var advokat, riktade sina milda ögon mot mig och sa: ”Om du eller jag hade haft en lika svår barndom och uppväxt som Mario, så hade vi nog också kunnat bli kriminella.”

Pang. Man ska inte döma. Det finns något som heter förmildrande omständigheter. Man måste ha förståelse för människan samtidigt som man fördömer den brottsliga handlingen. Balansakt, tulipanaros, humanitet.

Men att förråda sitt land! Förr var man fosterländsk, självklart att man älskade stenarna där barn man lekt. Vår skolgång var pepprad med biskop Tomas frihetssång och Sve-ri-je fooosterland. Fanan hedrades. Den fick inte nudda marken när den halades. Långt senare när jag var medskyldig till att ett bokomslag utformats som en svensk flagga blev jag uppringd av en journalist, verksam i Centraleuropa, som skällde ut mig för att jag vanhedrade mitt lands höga symbol på ett sådant sätt.

Numera är det nog inte så noga. Det är inte inne att slå sig för bröstet: Jag är så glad att jag är svensk!

Att prisa sin svenskhet har blivit liksom lite suspekt. Den som sätter svensk flagga på huset för att skylta dag och natt och i ur och skur att här är man svensk – varför har han det behovet? Räcker det inte med att han vet hur han känner det? Det kan ju tolkas som att han vill framhäva svenskheten på andra nationaliteters eller etniciteters bekostnad. Eller rent anti?

Men varför skulle man inte få hylla sitt land? Det finns ju helt naturligt i oss alla: känslan av förtrogenhet med den plats vi vuxit upp på, känslan av tillhörighet med orten, folket, språket. I USA får de ju prisa sitt land i alla tonarter och framhäva det framom varje annat land och vifta med sina randiga stjärniga flaggor vid alla tillfällen.

I USA hymlar man inte med nationalitetskänslan trots att så många etniska grupper utgör beståndsdelar i befolkningen och historiskt konstituerar begreppet amerikan. Hos oss har det blivit konstigt och känsligt. I New York kan man bo i Soho eller Little Italy och trivas bland sina egna samtidigt som man jublar över sin tillhörighet till det stora landet. I Sverige verkar det inte vara så bra att invandrare flockas i Rinkeby eller Rosengård och på andra platser där de inte behöver känna sig utländska i Sverige. Vi tycker att de borde trivas bland svennar och vice versa. De har krav på Sverige och verkar sura på Sverige. Klart att de har svårt att förlåta oss för klimatet. De skulle vi också ha om vi inte var från födseln tillvanda. Och om jag kom exvis till Somalia så skulle jag verkligen inte välja att bosätta mig mitt ibland somalierna utan jag skulle söka mina likar till utseende och språk. Frågan om segregering och integrering tror jag kommer sedan. Man måste nog först få slå en liten rot i den nya jorden i skydd av förtrogenhet och tillkämpad hemkänsla. Kan bli svårt med identiteten annars.

Vår nationalitet får stå tillbaka för de större sammanhangen, det europeiska och det globala. Patriotismen då, den kanske vi får ha kvar i våra hjärtan?

ÖN

De gamla har lämnat ön
sent omsider
gistna som sjöbon där rutan är sprucken
och dörrn hänger.
Blev väl för tungt.
Båten är stjälpt för sista gången.
I stugan har livet kallnat.
Isen välte stenkistan på ända
några år sen
och kajskoningen rasade ut i sjön.
Ön har sjunkit
tillbaka i tidlöshet.
Ingens ö.

Så mycket vackrare och värdigare ord: ålderdomshemmet. Hur som helst hade Tore tyckt att jag kunde komma och hälsa på honom där och kanske också hustrun Karin som vårdas på hemmets sjukavdelning, sedan länge förlorad i Alzheimers.

Vi hade inte setts på fyra fem år, och senaste gången vi stött ihop hade jag tyckt att de verkade underligt frånvarande, nästan avvisande. Jag tänkte då att de kanske är så gamla att de inte längre orkar med några andra. Har nog av sig själva; och det måste man ju respektera. Men nu ville han ha besök. Jag räknade ut att han måste ha fyllt 88 och Karin är två år yngre.

Ville ha besök förresten. Inget egentligt behov, ingen direkt vilja till ett möte har jag förstått i efterhand. Han hade suttit med dottern och gått igenom sin gamla adressbok. Han hade pekat på sådana som han skulle kunna tänka sig att träffa. Dottern hade ringt upp.

Jag har blivit lite skraj för ålderdomshem. Det är så definitivt slutstation. Det är för nära dit. Man har liksom inte lust att öppna dörren.

Vi hade stämt möte i entrén. Där var han inte. Han satt och drack kaffe vid långbord med sina nya kompisar, eller snarare medboende. De var alla tysta. De var väl uppassade av glada och vänliga ”personal”. Småningom kom Tore ut till mig, den förut högreste lite bullrande och humoristiske, med korta hasande steg och handen rakt utsträckt framför sig som för att avvärja kram. Vi slog oss ner, vi, eller kanske var det bara jag, sökte öppningsfraser. Hur länge hade han nu bott där? Få se, nej det visste han inte. Det visade sig att han var rätt väl orienterad i nuet men, som han själv sa, närminnet fungerar inte. Kanske det var episodminnet, tänkte jag efteråt. För om jag hade tänkt att vi skulle prata gamla minnen så förstod jag snart att det kunde jag glömma. Familjeumgänget, utflykter och resor tillsammans, stunderna vid vårt köksbord och luncherna på deras balkong ut över den vårblommande trädgården – allt det var borta. Men minnena från Tores barndom hemma på gården och skolgången som inackorderingsbarn i den närliggande staden kom sipprande, med växande inlevelse. Tänk, när han hade haft med sig skolkamrater hem hade det visat sig att dom – stadsbarnen - ingenting kunde! Dom var helt aviga där ute bland djur och natur. Vilken förmån det var att ha fått växa upp på landet! Och torget därinne i stan, tänk att han kom ihåg vad det hette! Så kluckade ett litet skratt i honom och han sa: "När jag fick syn på dig nyss då kände jag igen dig men jag visste inte vem du var. Jag visste att jag kände dig, men jag kunde inte placera dig. Nu vet jag."

Han visste också att han hade rest över hela världen, att han under tjugofem års anställning inte hade haft en enda sjukdag. Det var han stolt över. Och nu så förnöjd. Att ha ett eget rum med egna möbler och egna tavlor på väggen, att ha så fin utsikt över vägen och bort mot viken, att kunna sitta där och läsa i lugn och ro och att inte ha ont någonstans. "Fötterna krånglar lite bara, jag måste ha käppen." Och en ren och öppen tacksamhet mot döttrarna som ordnat det så här fint för honom och Karin. Det kunde inte vara bättre.

Vi tog oss långsamt och försiktigt över till Karins avdelning. O, var det hon, denna lilla hoptorkade person som vänligt leende kom emot oss och sa "Det här är min man" och pussade honom på munnen. Det visste hon, men inte mycket mer. Jag hade aldrig träffat någon alzheimerdrabbad; nu fick jag bekräftelse på att det var så som det beskrivits. Karin pratade nästan oupphörligt, små avbrutna meningar, upptakter, undringar, kanske viljeuttryck som genast dog bort. Hon såg med vänligt intresse på mig, men inte ett spår av igenkännande. Kanske tätnade intresset när jag nämnde vissa saker: hennes flickor, mina flickor? Tennisen, hur våra gubbar hade spelat med varandra i åratal. Blommorna, så fina blommor hon hade haft i sin trädgård. Blommorna, de som jag haft med mig, var det nu som väckte henne mest. Hon rörde vid dem, hon sa "så fina dom är, men har ni sett så fina blommor" (en knippa enkla tulpaner, men visst, fina). Hon gladde sig uppenbarligen åt dem, men lika mycket åt några påskliljor som stod i en annan vas på bordet, "så fina dom är". Vi fick henne äntligen att sitta ned vid bordet. För varför skulle hon sitta? Hon ville hellre gå utmed korridoren och öppna dörrar och se efter vad som fanns innanför. En tvättstuga. Vad är det här då, och så försökte hon från alla sidor få upp dörren till ett torkskåp. En binge tvättkläder. "Är det här barnkläder? Den är stel den här skjortan. Inte vill man väl att han ska se ut så där."

Och så vid bordet, "kaffe här då? Men ska vi ha ... kaffe jo men..." Och så med blicken i min: "Men du, vad ska du... vem har... var då nånstans?" Och hon lyssnade vänligt på mina svar på det jag trodde hon frågade, mina enträgna försök-till-engagerande svar, men de gick inte in.

"Se på henne", sa Tore medan han satt och värmde Karins kalla händer i sina, "är hon inte fin, se så rosig hon är på kinderna?" Han såg med förälskade blickar, nej med den genom ett halvsekel fördjupade kärlekens blickar, på detta urgröpta ansikte.

Jag sa adjö ganska snart. De hade inget behov av mig. Vi skulle inte ses mer. Jag grät över dem i bilen hem. Det här sista mötet lämnar mig inte sen dess. Han så förnöjd. Hon helt ovetande. Och deras starka kärlek, ännu levande.

I ett tv-program för en del år sen talade Ingmar Bergman om hur han kunde känna sina kära bortgångnas närvaro, främst då hustrun Ingrids, i rummet. Långt tidigare i hans liv hade en speciell incident lett honom fram till insikten att döden innebär ett totalt utslocknande, vilket givit honom en stor lättnad efter den tidigare ständigt manifesterade dödsskräcken. Men, invände han nu mot sig själv: den som inte tror på en tillvaro efter döden skulle ju inte kunna erfara ett sådant fenomen som att en avliden ger sig tillkänna som en förnimmelse av närvaro. Det gick inte ihop.

När Ingmar Bergman vid många tillfällen upplevt den här intensiva känslan av Ingrids närvaro kunde han inte med att avvisa den som ren inbillning. Därtill var den för betydelsefull för honom. Han bestämde sig så småningom efter viss vånda för att "bejaka" föreställningen att Ingrid fanns någonstans och att han skulle få möta henne igen efter sin död.

Jag känner igen den där känslan av någons närvaro. Någon jag länge saknat. Och eftersom jag inte tror på någon fortsatt livsform efter döden, har också jag haft en del tankar om vad det egentligen är fråga om.

Själva känslan av någons närvaro är så påtaglig. Det är som om någon finns alldeles intill en, och att den skulle vilja en något. Ofta är situationen sådan att just den personen som man förnimmer skulle – om han eller hon varit kvar i livet – just då ha kunnat ge hjälp och tröst.

Enligt mitt sätt att se det är det mitt eget behov, kopplat till saknad, som projicerar känslan av närvaro. Och vad jag för min del bejakar är just att det är så. Det är skönt och värdefullt att känna sina älskade bortgångna nära, jag tar tacksamt emot. Men jag tror att när jag slocknar så slocknar också mina behov och min saknad.

Det är inte så att projektionen sker genom att jag "tänker fram" en viss person. Det är något som sker i det omedvetna. Plötsligt lägger jag märke till denna närvaro. Jag kan sträcka ut handen.

När jag var sjutton år dog min syster. Hon var 22 år, gift och bosatt i Skåne. Vi fick meddelandet om hennes död samma dag som min bror tog studenten. Vi satt där lamslagna bland blommor och presenter. Hur var det möjligt? En skakig telefonröst hade meddelat att en oförutsedd havandeskapskomplikation hade tagit en fatal vändning. Hon hade förts till sjukhus men inte gått att rädda.

Det var för stort och för plötsligt, det gick bara inte att fatta. Att vi levt åtskilda redan under något år gjorde hela skeendet på något sätt abstrakt. Jag minns att jag låg och tänkte på henne, hennes kopparröda hår, de långa raka ögonfransarna som nästan skymde hennes blick, hennes avspända hållning, bit för bit hela henne, som för att konkretisera henne. Till och med tänkte jag på hennes tår. Bara detta att snart ingen skulle komma ihåg precis hurdana fötter hon hade kändes oacceptabelt. Det fick inte vara så. Jag var en enda gråtmosig protest.

Under den närmast följande tiden hade jag en återkommande upplevelse. På natten då jag låg i min säng såg jag min syster stå vid fotändan. Hon stod där orörlig men fullt tydlig som i verkliga livet och hon sa om och om igen: "Jag är inte död. Jag är inte död." Det var ingen dröm, fast jag länge trodde att det var något drömliknande fenomen under lätt slummer. Ett djupt önskedrömmande. Men senare när jag höll på att studera psykologi och läste om begreppet eidetik, förstod jag att det handlade om en eidetisk syn. Jag läser nu mer än sju decennier efter min systers död:

Eidetik ---'som rör bilder'--- psykologisk term: studiet av förmågan att så starkt föreställa sig föremål och situationer man upplevt att föreställningarna får karaktär av varseblivningar. De eidetiska bilderna kallas ibland åskådningsbilder och är besläktade med andra åskådliga bilder som hallucinationer och drömbilder. --- Mellan 5 och 10 procent av alla barn under 10 år tycks uppvisa eidetisk förmåga, dvs. denna förmåga till ett slags fotografiskt minne. --- Eidetiska upplevelser anses ha spelat en roll vid uppkomsten av en del företeelser inom folktron. (NE)

Jag vågar sluta mig till att ”föremål och situationer” även måste omfatta människor.

Visst är det intressant. Och jag undrar om det är något liknande det handlar om när min gamla väninna Ann-Marie, 82 år, så gott som dagligen umgås med både sin mamma och sin bror, båda för länge sedan bortgångna. Ann-Marie bor själv på ett hem och har nu i flera år varit som helt borta i dimmorna. Hon berättar glatt om att ”i dag var mamma här och vi hade så trevligt” eller också är det ”brorsan” som varit hos henne. Hon går inte närmare in på hur besöken gestaltat sig, men man kan höra henne muttra och skratta i stor förnöjelse. Det hon förlorat i verklighetsuppfattning har tydligen kompenserats på ett tröste-rikt och förmodligen innehållsligt bra sätt.

Sofia blev sjuk i tarmvred och opererades på hösten. Ingen trodde att hon skulle klara sig igenom, för hon var i sitt hundrade år. Men på nyåret återfann vi henne sittande i rullstol, avmagrad och blek, framför fönstret i sitt rum på vårdhemmet som var anslutet till hennes pensionärsboende. Hon hade verkligen varit vid den yttersta gränsen, hennes gamla kropp hade fått utstå svåra lidanden och befann sig nu i ett tillstånd av daglig och stundlig vantrivsel och värk.

"Här kan jag inte vara", sa Sofia. "Det är förfärligt. Jag vet inte vad jag ska ta mig till."

Vi försökte skonsamt tala om för henne att det inte fanns något speciellt för henne att göra, att det bästa vore om hon kunde försöka trivas, rummet var ju trevligt och personalen var ju så snäll. Hon fick den bästa tänkbara omvårdnad.

"Jamen, det kan väl inte vara meningen att jag bara ska sitta här och glo ut genom fönstret. Jag vill vara hemma hos mig. Jag vill hem. Mesamma!"

Vi förklarade - och här måste vi vara tydliga – att efter den där svåra operationen var det omöjligt för henne att återvända till sin enrummare. Hon skulle inte kunna ta sig till badrummet på egen hand, hon skulle inte kunna få någon vård där, nu när hon blivit så pass rörelsehindrad.

"Jag borde inte ha blivit opererad", sa Sofia. "Det hade varit bättre om jag fått dö."

"Men du kunde ju inte få ligga där och dö i så hemska plågor. Operationen var alldeles nödvändig. Och du gick med på att bli opererad när doktorn frågade dig."

"Gjorde jag det?"

”Ja.”

”Så operationen var alldeles nödvändig?”

”Absolut nödvändig.”

”Är det säkert det?”

”Alldeles säkert.”

Det blev ett tema som spelades upp varje dag. Sofia ringde till sina närmaste och gick igenom hela förloppet, ibland upp till tio gånger på en och samma dag. Och utgångspunkten var alltid: Jag kan inte vara här. Det är förfärligt. Vad ska jag ta mig till? Jag kan ju inte bara sitta och glo.

Ibland gick det att sakta och försiktigt, med många omtagningar, leda hennes tankar fram till att nuet såg ut som det gjorde. Tänk vilken tur att Sofia fått eget rum, och ett så vackert rum. Det bästa var att det låg åt norr, skulle inte bli olidligt hett när sommaren kom. Utsikten över berget med tallarna och buskagen där nerikring var ju betagande. Sofia hade sett både hare och rådjur. Och hon kunde inte få bättre vård, alla var så snälla.

Men att ligga, och att sitta, och att äta – allting så plågsamt. Och inte minst att behöva uthärda påsen på magen som hade svårt att ansluta till den magra rynkiga kroppen. När man är en känslig person. Och en som reflekterar. Sofia fick många lovord över att hon var så klar i huvudet, hon kunde redogöra för hela sitt tidigare liv, hade varit riksdagsstenograf och sekreterare åt olika statsråd. Ingen slog henne på fingrarna när det gällde årtal. Varje torsdag följde hon riksdagsdebatten i tv. Och det var kanske det enda som gav hennes tillvaro innehåll och stimulans, utöver besöken förstås som hon såg fram emot.

Att få prata om sin belägenhet tror jag var lindrande för henne. Hon var i så stort behov av tröst och förståelse. Kunde vi begripa detta, hur sorgligt det var att behöva lämna sitt hem? Kunde vi fatta detta, hur fruktansvärt det var att vara hänvisad till att sitta och vänta på slutet?

Vi försökte. Och vi sa att det är väl så det blir när man har fått ett så långt liv. Och vi började tala om hur vi skulle fira hennes hundraårsdag i juni. Men Sofia höll kvar sin fråga och sa: ”Jag tycker livet är grymt som låter en leva så här länge och att man sen bara har denna plågsamma väntan kvar. Jag är ju inte beredd.”

Inte beredd vid hundra. Inte beredd på det enda som vi med säkerhet vet, och som vi så ofta säger till varandra och till oss själva: att vi ska alla dö. Men beredd? Vem är beredd?

Sofia vägrade att äta tillsammans med sina medpatienter. Hon hade svårt för smackande och rapande och spillande, det kväljde henne, och svårast var det när hon själv ”bar sig åt” som hon sa och en del av lunchen kom upp och for ut över tallrik och bord. Efter att detta hade inträffat åt hon sina måltider på rummet. Det betydde så mycket för henne att uppträda på ett korrekt och värdigt sätt.

Och ännu mera angeläget och en mycket större sak var det att kunna dö med värdighet och med det rätta sinnelaget.

För Sofia handlade det om att ha försonat sig med sig själv och sina närmaste och kanske med en Gud vars godhet man inte kunde påräkna och som rentav kunde vara hämndlysten.

”Jag har inte alltid varit som jag skulle”, sa Sofia, ”nerverna svek ibland.” Vi stöttade med att ”Du har gjort så gott du kunde, och mer kan ingen”. Men Sofia hade svårt att förlåta sig.

Hon uppehöll sig gärna vid vad som skulle komma att hända, då när sista stunden var inne – och steget över gränsen. Vad skulle hon möta?

Var det bara att somna in och för alltid försvinna in i intigheten. Eller skulle hon möta den dömande makten?

Ja, där kunde vi bara stanna, mer eller mindre delaktiga i Sofias undran.

Nej, det var inte bättre förr, men i vissa avseenden var det tryggare. När vi hade religionen. Om en präst hade kunnat komma till Sofia och hon fått berätta om hur det var när hon inte varit som hon skulle och när nerverna svek. Han skulle ha gett henne syndernas förlåtelse och hon hade fått ro i sin själ. Hon hade vågat dö.

Vi lär ju vara sekulariserade, men hur är det bland de riktigt gamla? Säkert lever mycket av de gamla föreställningarna kvar, om synd och straff och behovet av försoning. Hur långt nere i årgångarna tro? Ofta hör man människor som drabbats av någon svår, kanske livshotande sjukdom säga: ”Vad har jag gjort för att få det här eländet, den här svåra plågan?”

Det räcker inte med ett orsakssammanhang, omständigheternas spel – det ska vara någons fel, och någon som har velat detta med oss.

Själv ser jag det som en i mänskligheten djupt invävd tankestruktur, detta att någon har en avsikt med mig. Att någon dömer och straffar. Och jag hör också till dem som tror att det är människans behov av hjälp i en svår livssituation som skapar tron på en personlig allsmäktig Gud.

Vi som inte är övertygade om att denna till vår fördel ingripande men samtidigt outgrundliga gudshjälp står att få, må sannerligen skylla oss själva. Vi är ute i kylan, och det kan vara huttrigt, men till dels kan vi nog tycka att den stärker oss. Fast det kan bli bra mycket kyligare mot slutet, jag inser det.

Min gamla vän Britta var inte särskilt sjuk eller kraftlös, men hon hade helt klart för sig att den gamla ordningen gällde. Hon levde på jorden och av jorden och stod för ett litet lantbruk med många djur. Och ovanom var himlen dit hon inte hade några tvivel om att hon en dag skulle komma.

"Och när jag stiger in genom himmelens portar så vet jag precis vad jag kommer att möta", sa Britta. "Först kommer min pappa, och det ska bli jätteroligt att träffa honom, han var bra, han var en fin man, och så snäll! Och sen är det tomt en bit, och så kommer alla djuren, korna som jag har haft, hästarna förstås, och så grisarna och fåren. Papegojan som dog för mig sitter där på en pinne och ropar hej Britta!"

Och gamla Bodil som haft ett sådant hårt och slitsamt liv alltsedan hon i början av förra seklet blev bortauktionerad som sockenbarn, hon deklarerar bestämt att man kan mycket väl leva utan Gud, men man kan absolut inte dö utan Gud. Hon som många av oss andra ser framför sig det som Karl Vennberg uttrycker i dikten Avsked:

Detta är ensamhetens stund
då det levande hjärtat ropar
men möter inget svar
utom ekot från dödens murar.

Var det inte Pascal (1600-talet) som i sina religionsfilosofiska studier kom fram till att även om man inte trodde på Gud, så kunde man i alla fall försöka, man kunde agera *som om*. För tänk – tänk om Gud, som man förnekat, ändå finns! Då är det kört på yttersta dagen. Bäst att tro på Gud för säkerhets skull.

Som när jag halkade på en isfläck. Där kom jag försiktigt lunkande med väskan i ena handen och en kasse i den andra. Undvek smärre snövallar och isgator. Såg hela tiden var jag satte fötterna. Trodde jag. Men plötsligt var båda benen i luften och jag gjorde en vurpa, som jag gärna skulle vilja se i ultrarapid, och slog pladask i marken. Under den där bråkdelen av en sekund då jag befann mig i luften fanns ingen rädsla eller föraning om att: nu är det klippt, lårbenshals, handleder etc., utan en ytterligt koncentrerad klarhet i min skalle om att här gällde det att landa så kontrollerat och skonsamt som möjligt.

Jag måtte ha gjort det. Höger axel tog emot och plöjde en bit i snön, sida och knä följde, huvudet höll jag högt, hatt och glasögon satt stadigt på genom hela förloppet. Jag reste mig med viss möda, fann att inga ben var brutna, alla leder funkade. Jag borstade av mig snön och gick hem lite stapplande och skakad. För en 80 plus kan ett fall bli fatalt.

Men detta ögonblick av klarhet gav ett bestående intryck. En uppenbarelse i litet format. Det var på något vis rätt, nästan njutbart. Om man kunde tänka sig att en sådan stilla klarhet skulle infinna sig i ens dödsstund!

Flera har jag sett som fått sin dom och som gått sitt öde till mötes med stor sinnesnärvaro och stort lugn. Jag har känt en djup beundran och respekt för dem. Och jag har undrat om det är något som kanske ligger i vår mänskliga natur, att – när vi är tvungna – böja oss och ta emot. Que sera sera. Det får gå, och när det händer så händer det. Kan man tänkas få möta oundvikligheten med en skön klarhet? Gör vi det? Jag ville gärna att det skulle vara så. Även om man har gnällt på vägen dit.

Man hör en och annan säga: Men att dö, det är ju verkligen inte naturligt, det känns ju helt oacceptabelt.

Som om vi hade ett val. Jag blir nästan sur på dem som yttrar sånt. Som om de försökte fuska, som om de var förmätna nog att vilja bli undantagna från allas våra livsvillkor.

Det är uppenbart att döden inte ligger i linje med deras pockande livskänsla. I mitt bakhuvud klingar en ramsa, en riktigt effektiv glädjedödare från början av förra seklet eller ännu äldre: Den som skrattar på morgonen får gråta innan kväll. Eller hur orden föll. Så starkt man kände att glädjen hela tiden var hotad! Och så skönt ändå att vi numera tycks våga ta ut glädjen när den är där. Men ändå. Vilja ljuset och förneka mörkret. Trots att vi alla är klara över motsatsförhållandets absoluta betydelse.

Förr var det nog så naturligt att dö. Döden hörde mera synbart till livet, livsvillkoren var så oerhört mycket hårdare och förgängligheten överallt tydligare. Man levde i en ständig oro för smitta och för att den åkomma som verkade lindrig skulle ”ta en olycklig vändning”. Ingen kunde räkna med att hela barnaskaran skulle nå vuxen ålder. Tänk på Årstafrun, Märta Helena Reenstierna, som miste elva av sin tolv barn som små. Hennes ångest varje gång någon av dem insjuknade! Och så händer något så grymt som att det tolfte barnet, den högt älskade och bortskämde Sonen, går ner sig på isen utanför hemmet vid trettiotvå års ålder.

Jag minns min egen mammas ängslan så snart någon av oss hade ont i halsen eller någon typ av utslag. Hon levde i någon sorts ständig katastrofberedskap.

För oss är det svårt att föreställa oss en tillvaro utan antibiotika och en åtgärdande sjukvård som till och med inkluderar utbyte av vitala organ. Vi har vant oss vid att må bra. Vi nästan kräver att få må bra. Vi räknar inte med annat än att livet ska levas. Är vi så bortskämda med att ha hälsan att vi har glömt att förhålla oss till döden?

Kan vi ändå hoppas på ett ögonblick av affektfri klarhet när vår stund är inne? Frid hette det visst. Eller ska man tyna bort i dimma eller slås av blixten?

Nu för tiden förhåller man sig till saker och ting. Eller relaterar. Var och en står alltid med eller mot sin vilja i samband med såväl personer som företeelser och skeenden, så självklart relaterar man, egentligen ett väldigt könlöst uttryck.

Förhålla sig däremot har mer av uppfordring i sig; man måste ha klart för sig hur man beter sig. Jag minns inte att man förhöll sig förr i världen. Man tänkte och man tyckte, man anpassade sig, fogade sig, inordnade sig, man avvaktade. Kanske förhöll vi oss utan att veta om det.

En ung kvinna säger att hon måste finna ett sätt att förhålla sig till sina styvbarn. En annan måste försöka förhålla sig till det faktum att hon blivit lämnad av sin sambo.

Rimligtvis skulle man som 80-plussare försöka finna fram till ett sätt att förhålla sig till sitt åldrande. Nog så knepigt att förhålla sig till det faktum att man har en relativt kort tid kvar här på jorden.

Det finns förstås illusionister och förnekare som inte låtsas om tidens gång. De fortsätter käckt som förut. "Inom mig är jag fortfarande sjutton år." –

"Man är inte äldre än man känner sig", som det heter. Må vara. Bra för dem. Själv föredrar jag skrivningen: "Jag är 88 men tack och lov ganska frisk och vital." Men det låter förstås inte lika klatschigt. Vill man imponera på andra får man ta i.

Om man vill vara realist verkar det hållbart att ta till sig begreppet förhålla sig, eftersom det kräver en inställning, en attityd och därmed en medvetenhet. Man lägger problematiken på bordet, benar upp den, bestämmer sig för hur man ska tackla den och sedan – förhåller man sig därefter. En tulipanaros att försöka plocka.

Det är så lätt, speciellt när man är ensam och inte har någon att bolla sina tankar med, att man försjunker, att man bara följer med i stämningar eller såsar omkring i förfluten tid. Om man inte kan tillföra sig tillräckligt med stimulerande tankestoff från yttervärlden så fyller man på med stoff från det förgångna.

Minnesvärlden är så rik på bilder. Det har sina risker att försjunka i dem. Någon gång har det hänt mig att jag gripits av en stark längtan tillbaka till platser, till tider, till människor som stått mig nära. Jag har haft svårt att göra mig fri från denna längtan. Nostalgi är ordet, en söt-bitter återvändsgränd. En gränd som inte leder någon vart och inte heller är något säkert gömställe.

Jag stod och slöbläddrade i en bok av Carl Jonas Love Almquist och blicken föll på några ord om att slutligen be Gud att ”få vissna ner och dö som allt annat”. Någonting vreds om i mitt inre maskineri. Att *få* vissna ner, att *få* dö. Och ”som allt annat”. Något positivt. Något stort som inneslöt mig.

Almquist avsåg inte döden som lindring och lättnad. Snarare rör det sig om den gryende insikten att det börjar bli dags, att det till och med kan vara något härligt i att fullborda sitt livslopp. För den som nått dit vore det enkelt att slopa all ängslan över det obönhörliga slutet.

Att förhålla sig i det här läget skulle innebära att inte se döden som ett hot, även om den rimligtvis är rätt nära. Våga sätta den på lite distans. Ge sig lov att leva lugnt och bra så länge man lever. Stund för stund.

Marguerite Yourcenar, den celebra författaren som omnämnts tidigare, uttryckte en förhoppning om att få dö långsamt så att hon medvetet kunde följa med i varje fas. Hon fick en stroke och dog snart utan att vara medveten om något alls.

Hundraåriga Sofia på vårdhemmet, som var så rädd för att ”bära sig åt”, hoppades kunna dö med värdighet. Det blev så, hon slocknade stilla.

Tänker på Astrid Lindgrens sätt att börja de dagliga telefonsamtalen med systern: ”döden döden”. En besvärjelse. Vi vet att den står där väntande, inget vi behöver orda mer om.

När minnen blir så starka och laddade att jag riskerar att dras ner, då vill jag huta åt mig själv: Inte sakna, inte sukta, inte sörja det som är förgånget. Försöka se dessa goda minnen som friska bilder som värmer mig och gör mig lycklig över att ha dem och kunna titta på dem ibland.

De dåliga minnena har minsann också sin förgörande kraft. Jag hutar åt mig igen: sätt nu stopp för gamla tråkigheter, misstag, kanske svek, kanske sorg, sådant som en gång har varit bitar av din verklighet men som sedan så länge ligger utom räckhåll. Alla berörda är borta, bara du kvar. Varför hålla på och älta? Du har faktiskt lov att känna dig fri från gamla bördor. Kasta dem.

Du *får* leva med full kapacitet, även om den inte är så stor, så länge det går. Och sen *får* du vissna ner och dö som allt annat.

I drömmen går någon, det är mörkt och hon går och går. En gammal kvinna går en vinterväg i skymningen, en väg som leder till det gamla sommarhuset. Hon går skyndsamt, faller framåt i en ryckig gångart, armarna tomt hängande. Spiken i höften verkar hon inte känna av fast hon brukat gnälla över den under de senaste åren.

På ena sidan trycker skogen mot vägkanten, buskar stiger fram och slår mot hennes kropp i förbifarten. Det kommer henne inte vid. Åt andra hållet ligger sommarängen där smörblomma och prästkrage, blåklocka och gulmåra sover under den sparsamma snön som i hennes eget minnes dunkel.

Hon ser varken åt höger eller vänster. Frågan är om hon ser alls. Inte för skumögdheten i det tätnande mörkret men för hennes upptagenhet: det är ett enträget ärende som styr henne. Hon går en väg som fötterna lärt genom åren. De pendlar vacklande men ihärdigt fram över den frusna marken, väjande för uppstickande stenar och för granens rötter som på sina ställen sprider sig i stela ishala rep över vägen.

När sommarens äng är förbi krymper vägen till en stig och skogen sluter tätt på ömse sidor. Det är nu helt mörkt, enda vägledning ger den gråmjölkiga strimman natthimmel högt uppe mellan trädtopparna. Men hon går i blindo, följer bilden som finns inom henne, snart ska det glesna, sedan slänten och därnere vattenglittret, de flata hällarna och huset, det gula sommarhuset. Mörkret ska inte släppa igenom någon färg, men hon vet den och ser den. Det gula sommarhuset bågnar av gult, av sommarlovssol i årsvarv efter årsvarv.

Barnens barndom finns här. Luften klingar av deras röster,

skrik och skratt. Barfotaspring, knubbiga ben, o, en sticka i foten! Och brunbrända skankar med myggbett och sårskorpa på knäna. Små händer fumlar med haspen till jordkällaren, hämta in muggen med bottenskylan smultron, rå potatislukt slår emot, filbunkarna står i sin gräddighet under en tidning. Klädstrecket där mellan björken och den halvmurkna stolpen, badkläderna som bjärta färgfläckar och tungt blöta från små huttrande kroppar. Snart ska hon ha dem varma igen, se här låt mig torka, gnida, frottera, krama. Varma igen, mjuka och fasta i sängarna däruppe. Och stretande med kläderna, hittar inte strumpan. Så nyvaket rosiga. Ibland feberheta. Varma, varma och tunga i hennes famn.

Barnen finns där, hon ska till dem, få dem tillbaka, ta dem till sig i en liten flock under vingarna. Hennes heta famn.

Varma kyssar, kommer det för henne. Varma kyssar vill jag ge dem, så står orden inom henne.

Det är mörkt och skogen har ännu inte glesnat, då hon känner en närvaro bredvid sig. Det går ett litet barn tätt intill hennes sida. Lite grått och otydligt men ett barn. Hon försöker utröna vem, avvaktande, utan att sluta att gå. En liten unge, tre fyra år kanske, men inga små trottande steg, glider liksom med i hennes framfart. Vem är det tro? Det var så länge sen. Men barnet finns där.

Varma kyssar.

Hon stannar och böjer sig ner. Då hon är helt nära lyfter barnet sin hand och pekar mot sitt ansikte. Hon ser att pannan kinden munnen, hela den lilla kroppen är överdragen med is.

Hon rätar upp sig, står en stund i tvivel och tvekan, armarna hängande tomma. Vänder om och börjar gå åt motsatt håll.

Sommarängen är ett vitt fält, skogen står svart. Hon travar

på. Sin väg. Längre fram ska stora vägen ta vid. Nu är hon inte längre ensam, andra svarta skepnader söker sig fram. Där borta syns ett sken. Det bryter fram, men inte som bilars uppdykande strålkastarljus. Inte heller skenet från någon skogshuggares röda brasa. Ett ljus bara, skimrande, kanske en hägring.

P.S.

GNÄLL

Trycket stiger
över hövan
- visslan går igång.
Det väser och pyser och väsnas,
det tjuter och svischar och skramlar,
går på och går på - - -
Allt är fel, allt gör ont,
krämpor, bensår, operationer,
ständig värk och hjärtbesvär,
och doktorn sa harang harang
och om du bara visste - - -

Ja, jag tror jag vet. Och jag vet att det bara är en sak man inte får glömma fast öronen kryllar sig. Trycket. Jo, man får inte tänka bort trycket.

Det sägs om oss gamla att vi gnäller. Och visst, det finns en och annan gnällspik, han som förr kallades gnällmåns. Om gnällkäring finns diskuterades härom sistens i radio, och expertisen tyckte att en sådan utan tvekan existerar i sinnevärlden och skulle kunna definieras som någon som klagar utan fog eller i onödan.

Gör hon det? Utan fog eller i onödan. Gnäller bara så där rakt ut? För min inre syn drog förbi ett antal tanter som jag under tidernas lopp hört klaga, gnälla, kvida, gny och voja sig. Var och en av dem tyckte nog hon hade anledning och skulle inte känts vid att hon gjorde det i onödan. Vem avgör? Vad kan du veta om en annan människas inre upplevelse?

Omgivningens öron vissnar av att tvingas lyssna till gnäll, det där malandet som egentligen ingen kan ta till sig, avkoda och göra något åt. Det malande gnället är milsvitt från vad man skulle kunna kalla legitim klagan över akuta tillstånd, sådant som den närmaste omgivningen naturligtvis måste få veta om för att kunna hjälpa och åtgärda. Som när Sofia, den 99-åriga, ringde och förkunnade att nu har jag tappat sex tänder! Hela raden av framtänder, ungefär tre gånger en 6-årsglugg. Sofia måste naturligtvis följas till sin tandläkare och få hela paketet fastlimmat igen. Hon gnällde inte ett ögonblick. Hon behövde och fick hjälp, var tacksam för den och glad att komma ut på en liten biltur, om än till tandläkaren.

En bekant dam klagade allmänt över att hon hörde så lite av sina barn. Hon tyckte att goda barn bör ringa modern varje dag och efterhöra tillståndet. Hon tyckte att det borde vara deras angelägenhet att sätta sig in i vilka olika lidanden som pågick i moderns lekamen och sinne. Ständigt framhöll hon detta för dem, vuxna män och kvinnor med egna familjer och jobb. När jag en gång invände att sådana påpekanden kan vålla dåligt samvete och skuldkänslor svarade hon: Men det vore väl bra. Det skulle kanske få dem att äntligen förstå!

Sorry, damen, men jag håller inte med. Det funkar nog inte så. Och de skulle inte förstå. Det är lika bra att vi har det klart för oss. De yngre kan självfallet aldrig riktigt förstå åldrandets olika tillstånd och besvär – eftersom de ännu inte har upplevt dylika. Ingen större idé att gnälla alltså, om man kan låta bli.

Man kanske inte kan låta bli. Gnället vill bara tala om att jag känner mig så ensam och eländig, ta hand om mig, lyssna och var med mig. Men alltså, tyvärr får sådant gnäll ofta motsatt effekt.

Hur var man själv en gång i tiden gentemot de gamla? Hm. När jag tänker på min älskade svärmor Frida kan jag faktiskt tycka att jag förhöll mig lite kallsinnig inför hennes verkligen mycket svåra åkommor. Självklart gjorde jag min del av eskortering till läkare och andra angelägna ärenden, besökte henne och tog henne med i olika sammanhang. Men jag tror aldrig att jag insåg hur hon egentligen kände sig i stunden. Trots att jag såg in i hennes vädjande gamla ögon och hörde hennes, den dövas, raspiga röst beskriva vad det var som var så svårt, så tror jag att varken min eller någon empati i världen skulle kunnat räcka för att helt dela hennes upplevelse. Förmodligen var också all den energi jag kunde tillgå engagerad i min egen livssituation, mina ungar, hus och hem och jobb.

Och det är ju precis så naturen har tänkt sig. Vi ska leva i vårt nu. Vi ska inte veta för mycket om det som kan förväntas. Hur skulle vi orka leva vidare om vi visste och kände precis vilka lidanden som kan komma att drabba oss innan vi slutligen dör.

Min mamma satt i soffan och stickade någon gång i tidigt trettiotal och barnen låg draperade över stolar och matta. Man var i färd med att planera någonting spännande som skulle ske om si och så många år. Över sorlet löd mammas dova stämma: Då ligger jag i mullen…

Förstämning. Fanns inget att säga. Minns min känsla av olust – och att den var riktad mot henne – för att hon hade gläntat på dörren till något som inte fick utspela sig i vår barnavärld, ingen ville veta, ingen ville närma sig det allra minsta genom att prata om det. ”I mullen…” bara ordvalet ovant, iskallt.

Gamla goda vännen sa, när hon fått veta att jag tänkte skriva om åldrandet: Suck. Bara du inte gnäller. Inte då! sa jag, inte jag. Men när hon fått läsa manuset påstod hon att jag gnällt på fem eller sex ställen, så det så. Hon sa vidare: Du vet väl att gamlingar ska vara värdiga och förnöjsamma. Det är så man vill ha oss.

Jag minns att jag stönade. Stönade över att hon viftade med orden förnöjsam och värdig inför ca en halv miljon 80-plussare i detta land, varav en hel del har det synnerligen svårt med att uppehålla värdigheten och absolut inte har någon anledning att vara förnöjsamma. Och att gamla ska iklä sig egenskaper för att behaga de yngre och aktiva, de som har allt det som vi inte har!

Tänkte jag då. Tänkte vidare, stönade mer och tänkte.

Vi har alla samma människovärde och förtjänar att bemötas med vänlighet och respekt. Men i vår verklighet upplever vi gamla att vi ofta blir nedlåtande bemötta, överbeskyddade eller överkörda. Och tjejen från hemtjänsten kan säga: Du tror väl inte man skulle ta ett sånt här skitjobb om man kunde få något bättre.

De som i sin sista livsfas upplever att de blir fysiskt och mentalt svagare, långsammare, orörligare, fulare, krämpigare, sjukare – som det kan vara i sena åldrandet – har tämligen svårt att uppehålla sina invanda självbilder av att vara fullvärdiga. När man lever i ett tillstånd av brist och förlust är det lätt att nedvärdera sig. Man befinner sig i ett nästan hopplöst dåligt läge. Det ska till en stark självkänsla för att då inte påverkas negativt av ett allmänt nedlåtande bemötande.

Man kan inte heller som tidigare generationer tillräkna sig värdet av att vara erfarenhetsbank och förmedlare av kunskap till de efterkommande. Vi gamla har numera inte så värst mycket att komma med av sådant som efterfrågas idag. I stället är det de riktigt unga som tar emot den senaste (tekniska?) kunskapen och lämnar den vidare uppåt årgångarna. De riktigt gamla kan ha svårt att tillägna sig den. Vi måste om och om igen konstatera att den här världen inte längre är vår. Det inger osäkerhet.

Att vi inte blir så väl bemötta, att man misstror det vi säger, att man inte ger sig tid att anpassa tempot till vårt lite långsammare, handlar det inte i grund och botten om de starkares ständiga företräde? Den fula gamla mänskliga faktorn som gör att starka ser ned på svaga, bortser från dem, ibland kränker dem. Styrkan beundras, svagheten föraktas. Svagheten som ibland böjer sig för, ibland rentav inbjuder till övergrepp.

I äldreomsorgsdebatten råder enighet om att gamlas status behöver höjas. Det måste till en attitydförändring gentemot de åldrande. Jag tangerar här en jätteangelägenhet, ett problemområde som många gamlingar liksom jag bara kan följa i mediernas veteranprogram. Man kan koka av upproriskhet, idéer och förslag svirrar som tomtebloss i huvudet. Men fjutt! Vi är ju inte kapabla. Det är nästa generation som ska fixa bättre förhållanden för oss, och för dem själva som en vacker dag får uppleva åldrandet.

Vad vi gamla å vår sida behöver göra är att lyfta oss i håret och stå upp för vårt människovärde. Den som har ordentligt spikad självrespekt blir faktiskt bemött med hyfsad respekt från omvärlden.

Det finns de som inte behöver anstränga sig så värst mycket. Nittiotreåringen som går på gym två gånger i veckan till exempel, eller 80+-damerna i rosa byxdress och nagellack på tårna. Och de som fann varandra på äldreboendet och försäkrar att Kärleken är lika het som när de var tjugo. Deras självkänsla bär av födsel och ohejdad vana, de känns bara inte vid sitt åldrande, deras bästa tid är NU och man kan bara gratulera. Men vi som är behäftade med en mer realistisk syn och lever i det anonymt gråbeiga, vi får jobba på med självhävdandet. Till vår hjälp kan bland annat vara förebilder, som länkats till våra liv under tidernas gång. Själv tänker jag på mina när det kniper, ja, jag nästan åkallar dem för att få del av deras sega livsvilja och det mod de visade när det började kärva mot slutet. Jag kan ofta känna hur orken stärks och tillförsikten växer.

Om man jobbar på att förbättra sitt läge för att få mer innehåll i tillvaron, för att öka orken och livslusten, då krymper utrymmet för eventuell gnällbenägenhet. Och då kanske våra efterkommande i sin tur kan vandra vidare upp mot ålderspyramidens topp utan att tyngas av alltför dystra förväntningar. Mod och tillförsikt kan alla behöva på den vägsträckan.

Det talas om att de äldre (gamla är ett fult ord i omsorgsvärlden) ska värdegaranteras. Att de ska kunna leva vidare utifrån sin identitet och personlighet. Man tackar. Men det gör vi redan som alla andra, ingen kan ta ifrån oss dessa ”värden” även om de sitter trångt. Man vill också ge oss rätten till en privat sfär, till självbestämmande, ett meningsfullt liv...

Men respekten då? Hur ska de göra och hur ska vi göra för att yngre återigen ska kunna känna respekt för åldringar, för de gamlas alla levda år. Som förr. Som i århundraden och ännu längre.

www.ingramcontent.com/pod-product-compliance
Ingram Content Group UK Ltd.
Pitfield, Milton Keynes, MK11 3LW, UK
UKHW041826200726
13854UKWH00002BA/587